진중권의
생각의
지 × 도

▸ ESSAYISTICS

아트북 ＋ 철학 에세이

진중권의
생각의
지 × 도

천년의상상

차례

개정판 지은이의 말

《생각의 지도》 개정판에 실린 그림은 '그래픽 디자이너'의 작품이다.
내가 직조한 텍스트의 우주를 디자이너가 자신의 관점에 따라 해석하
고, 그렇게 얻어진 생각을 설계도로 사용하여 지면 위에 구현한 작품이
다. 페이지 위의 그림들은 분절된 텍스트들을 위에서 아래, 왼쪽에서 오
른쪽으로 감싸 안으며 제 스스로 연작을 이루어 또 다른 이미지의 서사
를 만들어낸다.

이미지와 텍스트의 만남은 한 편의 거대한 파노라마를 이루며 마치
고대의 연환화처럼 눈에 보이지는 않으나 이미 텍스트에 내포되어 있
었던 서사를 비로소 우리 눈앞에서 풀어내는 듯한 느낌을 준다. 그 덕에

이 책에 수록된 에세이들은 본질적 수정이나 가필 없이 오직 디자이너의 창의적 스토리텔링만을 통해 완전히 다른 의미와 상징의 차원을 획득하였다.

이렇게 형식의 새로움을 얻어 '생각의 지도'가 '생각의 그림'으로 모습을 바꾸었다. 이것이 또한 내가 독자들에게 바라는 것이기도 하다. 이 책의 디자이너가 자기만의 방식으로 비가시적인 것을 가시화했듯이, 독자들도 이 책을 상상력의 데이터베이스 삼아 창조적 독해로써 자기 자신의 '생각의 그림'을 그려내기를 바란다.

　오늘날 '에세이'라는 말은 주로 수필을 가리키나, 17세기 이후로 이 말은 '논문'까지를 포괄하는 폭넓은 것이었다. 철학자 존 로크John Locke 가 자신의 대표작에 '에세이(《An Essay Concerning Human Understanding》)'라 는 제목을 붙인 것을 생각해보라. 그때처럼 빈번하지는 않지만, 논문을 '에세이'라 부르는 관행은 오늘날에도 여전히 남아 있다. 일례로, 20세 기의 철학자 레비나스E. Levinas는 자신의 저서 《전체성과 무한성》에 '외 부성에 관한 에세이'라는 부제를 붙였다.

　이 책은 지난 1년간 〈씨네21〉에 연재했던 '에세이'를 묶은 것이다. 여기에 묶인 글들은 논문도 아니고, 그렇다고 수필도 아니며, 굳이 말하 자면 논문과 수필을 뒤섞어놓은, 아주 특정한 의미에서 '에세이'라 할 수 있다. 인문학에서까지도 여전히 '논문'이 학적 글쓰기의 배타적 표준으로 여겨지고 있다. 근대 과학주의의 관성일 것이다. 하지만 인문학의 미래는 철학적 논문과 문학적 수필이 구별되지 않는 글쓰기로서 '에세이'에 달려 있을지도 모른다.

이 발칙한(?) 예측에는 나름대로 근거가 있다. 언제나 그렇듯이 인문학은 결국 그 시대에 적합한 유형의 인간을 만들어내기 위한 사회적 기획의 한 부분이다. 16세기에 인쇄술과 더불어 열린 문자문화가 '이성'의 기획이었다면, 구텐베르크 은하의 끝에서 열리기 시작한 영상문화는 '상상력'의 기획이다. 즉 문자문화의 인문학이 인간을 '합리적 존재'로 만들려 했다면, 영상문화의 인문학은 그 합리적 존재를 다시 '창의적 존재'로 진화시키려 한다.

이러한 인문학적 기획의 전환은 여러 가지 변화의 양상으로 나타날 것이다. 매체의 측면에서는 영상과 문자를 결합시킨 새로운 표현수단이 등장할 것이고, 내용의 측면에서는 이미 있는 것의 '기술'과 아직 없는 것의 '상상'이 어우러진 새로운 주제 영역이 열릴 것이며, 형식의 측면에서는 철학과 문학의 형식을 결합시킨 글쓰기를 실험해볼 수도 있을 것이다. '에세이 쓰기essayistics로서 인문학'이라는 발상은 이런 시대적 변화의 산물이다.

'에세이 쓰기'로서 철학은 동시에 특정한 진리관의 산물이기도 하다.

헤겔G. W. F. Hegel은 "진리는 체계"라고 말했다. 하지만 모든 지식을 정합적인 체계로 포섭하게 해주는 그 '하나의' 관점, 즉 '절대적' 관점의 존재를 믿는 사람은 더 이상 없을 게다. 오늘날 세계의 상을 전달해주는 것은 서로 어긋나는, 때로는 서로 모순되는 다수의 관점들의 몽타주다. "진리는 파편"이다. 철학적 에세이는 몽타주 속으로 짜여 들어가는 개개의 조각에 비유할 수 있을 것이다.

이 책에 수록된 개별 에세이들의 소재를 선택하는 것은 우연에 내맡겨졌다. 어떤 소재는 독서의 산물이고, 어떤 소재는 일상의 체험에서 나왔으며, 어떤 소재는 언론의 보도에서 영감을 얻은 것이다. 그렇게 서로 연관 없이 쓰인 파편적 글들을 내용의 유사성과 연관성에 따라 크게 10개의 주제로 나누어 묶었다. 이 작업을 통해 그동안 내가 어느 지점에서 사유를 하고 있었는지 분명히 볼 수 있었다. 이는 나 자신도 미처 의식하지 못했던 것이다.

철학이란 결국 세계에 대한 자신의 생각을 글쓰기로 표현하는 작업이라 할 수 있다. 세계에 대한 우리의 생각이 파편들의 몽타주로 이루어진다면, 그것의 모습은 한 폭의 '그림'이라기보다는 한 장의 '지도', 그것도 기억해야 할 부분만 표기한 한 장의 약도에 가까울 것이다. 한마디로 철학적 글쓰기는 생각의 '기술記述'보다는 '매핑mapping'에 가깝다. 에세이 쓰기는 일종의 지도학cartography이다. 《생각의 지도》라는 제목은 그렇게 얻어졌다.

1부   삶을 예술로, 존재의 미학

사람이, 세상이, 시대가 나를 옥죈다. 어떤 것은 시도조차 할 수 없고, 어떤 것은 누군가가
하지 말라고 한다. 온갖 규제와 억압에 둘러싸여 '내가 왜 살고 있나?'라는 생각에 존재의
이유마저 흐릿해질 때야말로, 스스로 자신이 되어야 할 때다. 최소한의 자존심을 지키며
한 줌의 오만함을 품는 것 정도는 어렵지 않다. 존재의 의미와 답은, 내 안에 있다.

델포이의 신탁

—너 자신을 배려하라

아테네에서 버스를 타고 두어 시간 가면 델포이에 도착. 고대 문명은 대부분 폐허로 변한 지 오래라 관광상품 파는 책자의 문구만 믿고 갔다가는 실망하기 일쑤다. 델포이 역시 크게 다르지 않았다. 허허벌판에 간신히 서 있는 기둥 몇 개로 그 옛날의 영화를 가늠하기란 애초에 불가능했다. 깊은 인상을 남긴 것은 외려 풍경이었다. 폐허 뒤로 깎아지른 듯이 솟아오른 파르나소스 산의 암벽만이 그곳이 결코 예사로운 곳이 아니라고 말해주었다.

델포이의 신탁

신전으로 들어가는 길목에는 달걀을 반으로 잘라놓은 모양의 돌조각이 세워져 있었는데, 돌아와서 찾아보니 옴파로스omphalos, 즉 세계의 배꼽이라고 한다. 신화에 따르면 제우스가 세계의 양쪽 끝에서 두 마리의 독수리를 날렸더니, 결국 델포이에서 서로 만났다고 한다. 한마디로 그곳이 세계의 배꼽, 즉 세계의 중심이라는 얘기다. 세계의 한가운데에서 고대에는 신들이 인간에게 지혜를 주었다고 한다. 그 신성한 지혜를 '신탁oracle'이라 부른다.

하지만 신의 지혜를 받기가 쉽지는 않았던 모양이다. 가이드의 설명에 따르면 삶의 문제를 해결하기 위해 그곳을 찾은 방문객들은, 신전 아래쪽에 있는 곳에서 먼저 일주일 동안 몸과 마음을 정화시켜야 했단다. 정화 의식을 마친 방문객들이 신전으로 올라오면, 델포이의 사제들은 염소에게 차가운 물을 떨어뜨렸다. 만약 염소가 차가운 물에 몸을 떨면 신탁을 받을 수 있지만 염소가 반응을 보여주지 않으면 다음 달 같은 날 (매월 7일)에 다시 와야 했단다.

당시에도 빈부의 격차가 있어, 신전에 헌금을 많이 바치는 유력자들은 신들로부터 비교적 자세한 얘기를 들을 수 있었지만 돈이 없는 서민들은 오직 '예스'나 '노'의 대답만 들을 수 있었다. 유력자들이 모든 질문을 할 수 있었다면 서민들은 오직 '예스-노 퀘스천yes-no question'만 할 수 있었던 셈이다. 방문객이 질문을 하면 무녀가 하얀 콩과 검은 콩이 든 주머니에서 콩을 꺼내는데, 이때 주머니에서 하얀 콩이 나오면 '예스', 검은 콩이 나오면 '노'를 의미했다고 한다.

하지만 부자들이라고 해서 더 좋은 결과를 얻었던 것은 아닌 모양이다. 이 맥락에서 가이드는 연방 '메타포라metaphora'라는 낱말을 반복했다. 신탁이 은유의 형태를 띠고 있었다는 얘기다. 따라서 신탁을 받더라도 인간은 그 말이 무엇을 가리키는지 알아서 해석해야 했다. 무녀가 도취 상태에서 횡설수설하는 말은 물론 알아듣기 너무 어려워, 신의 지혜를 구하러 왔다가 외려 오기 전보다 더 헷갈려서 돌아가기 일쑤였다고 한다.

운 좋게 해독에 성공한 이도 있었다. 기원전 480년에 아테네인들은 "도시를 떠나 목책으로 방어하라"는 신탁을 받는다. 테미스토클레스Themistocles는 이를 목선木船으로 해석해 페르시아의 침입으로부터 그리스를 지킨다. 이것이 그 유명한 살라미스해전이다. 그런데 아고라 박물관에 전시된 수많은 도자기 조각들에는 이 영웅의 이름이 적혀 있다. 도편추방제의 대상이 된 것을 보니 논란이 많았던 인물인가 보다. 찾아보니, 이 투표로 추방되지는 않았다고 한다.

에피루스의 왕 피로스Pyrrhos는 테미스토클레스와는 경우가 달랐다. 그는 로마와 싸우기 전에 델포이에서 "그대는 로마에 이길 것이다. 그대는 가서 돌아올 것이며, 싸움에서 죽지 않을 것"이라는 신탁을 받는다. 하지만 문법적으로 이 문장은 "로마가 그대를 이길 것이며, 그대는 가서 돌아오지 못하고 싸움에서 죽을 것"을 의미할 수도 있다고 한다. 실제로 피로스는 이탈리아에서 후퇴하던 길에 기원전 272년 아르고스에서 싸움 끝에 목숨을 잃는다.

델포이의 신탁 중에서 가장 유명한 것은 아마 테베의 왕 라이오스 Laius가 받은 것이리라. 그는 자신의 아들이 자기를 죽이고 자기 아내와 결혼할 것이라는 신탁을 받고, 이 운명을 피하기 위해 어느 목동에게 자기의 아기를 산에 내다 버리라고 명하니, 결국 자신의 아들 오이디푸스 Oedipus에게 살해당하고 만다. 버스 안에서 가이드가 절벽 아래 보이는 세 갈래 길이 라이오스와 오이디푸스가 만난 장소라고 알려준다. 이런 신탁이라면 차라리 모르는 게 나을 뻔했다.

무지의 지혜

델포이 신탁과 더불어 널리 알려진 또 하나의 이야기는 소크라테스 Socrates와 관련이 있다. 카에레폰Chaerephon이라는 이는 델포이에서 "그리스 전체에서 가장 현명한 사람이 누구냐?"는 질문에 "소크라테스"라는 답변을 얻었다고 한다. 카에레폰은 그 이유를, "적어도 소크라테스는 자신이 무지하다는 사실을 안다"는 사실로 설명하려 했다. 플라톤 Plato은 자신의 《대화편》의 여러 곳에서 이 일화를 언급하는데, 여기서 우리는 철학과 신탁 사이의 은밀한 관계를 엿볼 수 있다.

"너 자신을 알라." 우리가 소크라테스의 말로 잘못 알고 있는 이 말은 원래 델포이의 신전 입구에 새겨져 있었다고 한다. 신탁이 아무리 중요할지라도 외적인 문제의 해법은 결국 네 안에서 찾아야 한다는 얘기다. 아울러 신전 입구에는 "지나치지 않게"라는 격언도 새겨져 있었다.

한마디로 플라톤과 아리스토텔레스Aristotle가 그토록 강조했던 '중용'이라는 덕목도 근원으로 거슬러 올라가면 결국 델포이의 신탁에 이르게 되는 셈이다.

이 두 가지 격언과 함께 델포이의 3대 지혜를 이루는 것이 "당신은 존재한다"는 격언이다. 원래 이 말은 "너 자신을 알라"는 신의 인사말에 대한 인간의 답변이었다고 한다. 한마디로 올림포스 신들에 대한 신앙의 고백이라고 할까? 하지만 후세에 이게 신이 인간에게 던지는 말로 와전된 것이다. 지식과 존재, 다시 말하면 사유와 존재의 문제야말로 서양철학에서 가장 중요한 주제가 아닌가. 지금은 잊혔지만 철학은 이렇게 신적 근원을 갖고 있었다.

생각한다, 고로 존재한다

신적 근원을 잊어버린 철학의 대표적 형태가 바로 근대철학, 특히 데카르트R. Descartes의 철학이 아닐까? "너 자신을 알라"는 델포이의 격언은 원래의 맥락에서 떨어져 나와, 올바른 지식을 위해서는 너 자신의 인식기관(정신)부터 알아야 한다는 근대 반성철학reflexionsphilosophie의 원리가 되었다. 그 철저한 반성의 결과로 도달한 최초의 결론은 "나는 존재한다"는 것이었다. 신과 인간이 신전에서 주고받던 응답이 원형을 알아볼 수 없을 정도로 변형된 것이다.

하이데거M. Heidegger의 어법을 빌려 근대철학의 '존재망각'을 한탄할 수도 있을 것이다. 하이데거는 그리스어 개념들이 훗날 로마인들의 손으로 라틴어로 번역되는 가운데, 그리스어로만 가능했던 존재의 체험이 완전히 사라졌다고 비판한다. 그의 말대로 근대철학은 로마 시대부터 내려오는 이 '존재망각'의 결정판이리라. "너 자신을 알라"라는 신의 인사말과 "당신은 존재한다"라는 인간의 대답. 이 신성한 문답을 근대철학은 인간이 제 의식으로 제 존재를 증명하는 형식으로 바꿔놓았다.

푸코M. P. Foucault의 어법을 빌려 이렇게 말할 수도 있을 거다. 푸코에 따르면 그리스인들에게 "너 자신을 알라"는 명법命法은 자기 목적이 아니라, "너 자신을 배려하라"는 명법의 하위 원칙에 불과했다고 한다. 하지만 근대철학은 자기 인식을 철학의 자기 목적으로 만들어버리는 가운데, 정작 중요한 최상위 원칙, 즉 "자신을 배려하라"는 실존미학의 원리 (가령 "너무 지나치지 않게"라는 미학적 존재의 테크네)를 망각해버렸다는 것이다.

진정한 신탁은 땅의 갈라진 틈에서 흘러나오는 가스를 마신 무녀가 황홀경에 빠져 입으로 흘리던 횡설수설(메타포라)과는 별 관계가 없을 것이다. 외려 신전 벽에 새겨져 있던 세 가지 격언이야말로 신적인 지혜가 아닐까? '외부의 모든 문제의 해답은 결국 네 안에 있다. 따라서 먼저 네 자신을 알라. 그리고 매사에 지나치지 않게 행동하라. 신이 존재함을 명심하고, 늘 경건하게 살아라.'

02

창조적 개새끼
─촌스러움을 경멸하라

'보헤미안bohemian'이라는 말이 있다. 네이버 백과사전에 따르면, '보헤미안'이란 "속세의 관습이나 규율 따위를 무시하고 방랑하면서 자유분방한 삶을 사는 시인이나 예술가"를 가리킨다. 인터넷 백과사전 '위키피디아'는 '보헤미아니즘bohemianism'이라는 항목 아래 이렇게 적고 있다. "비관습적 라이프스타일의 실천. 종종 비슷한 마인드를 가진 이들끼리 어울리며, 항구적인 결속 없이 음악, 예술, 혹은 문학에 종사하는 것. 그런 의미에서 보헤미안은 뜨내기, 모험가, 방랑자라 할 수 있다."

문학적 집시들

푸치니G. Puccini 오페라의 제목 〈라 보엠〉은 원래 '보헤미아 여자'란

뜻이다. 여기서 알 수 있듯이 보헤미안은 서유럽의 로마니Romany족, 이른바 '집시'를 말한다. 이들이 '보헤미안'이라 불리는 것은 그들이 서유럽으로 들어올 때 주로 보헤미아(지금의 체코) 지방을 거쳤기 때문이다. 이들의 삶이 어땠는지는 영화 〈집시의 시간〉에 잘 나타나 있다. 보헤미안은 대개 거처나 직업 없이 절도나 구걸과 같은 비정규적 방식으로 삶을 이어나가는 사회 하층의 주변부 인생들이다.

오늘날과 같은 의미에서 '보헤미안'은 19세기에 처음 나타났다. 당시에 유럽의 주요한 대도시에는 주변화한 삶을 사는 가난한 기자, 문인, 예술가 집단이 존재했는데, 대개 정치사회적으로 비정통적이며 반체제적인 성향을 보였다. 특히 프랑스에서 문인과 예술가들은 당시 집세가 싼 변두리 지역에 모여 하층민인 집시들과 이웃하며 살았다고 한다. 특정 인종 집단을 가리키던 용어가 예술가적 라이프스타일을 가리키는 용어가 된 것은 이 때문이다.

1862년에 〈웨스트민스터 리뷰〉는 "보헤미안이라는 용어는 오늘날 특정 부류의 문학적 집시에 대한 기술로 널리 받아들여진다. 어디에 살며 무슨 언어를 구사하든지 보헤미안은 의식적, 무의식적으로 삶과 예술에서 관습성을 벗어버리려는 예술가나 문인이다"라고 적었다. 집시가 서로 다른 나라에서 다른 언어를 구사하며 살더라도 원래 하나의 인종이듯이, 세계 주요 도시의 보헤미안 역시 국적과 언어는 서로 달라도 문화적으로는 하나의 종족이라 할 수 있다.

보헤미아니즘

'보헤미안'은 굳이 주류 사회의 인정을 구하지 않고 스스로 사회의 주변부로 물러난 아웃사이더다. 그들에게는 종종 의복의 관습이나 결혼의 의무에서 자유로운 방탕한 이미지가 따라다닌다. 무교양과 속물성을 사정없이 비웃는 지적 오만함 역시 보헤미안의 이미지를 구성하는 중요한 요소다. 집시에게 도덕과 법률, 체면과 예의가 무슨 의미가 있겠는가? '보헤미안'은 이 집시의 생존방식을 자유인의 존재미학으로 승화한 사람들이다.

'보헤미아니즘'이라는 창조적인 지식인들의 새로운 라이프스타일은 19세기 유럽의 여러 나라에서 먼저 소설을 통해 구체적 형상을 얻는다. 가령 《보헤미안 생활의 정경》을 발표한 프랑스의 앙리 뮈르제르Henri Murger. 그가 책에 모아놓은 이야기들은 후에 푸치니가 〈라 보엠〉을 쓰는 데 토대가 된다. 비슷한 시기에 영국에서는 윌리엄 새커리William M. Thackeray가 《허영의 시장》을, 그보다 좀 늦게 스페인에서는 바예잉클란 R. M. del Valle-Inclán이 《보헤미아의 등불》을 발표한다.

보헤미안의 라이프스타일을 하나의 존재미학으로 정식화(?)한 사람은 바로 노르웨이의 작가이자 철학자이며 무정부주의 활동가인 한스 헨릭 예거Hans Henrik Jæer이다. 그는 1886년에 보헤미안의 존재미학을 담은 저서 《프라 크리스차니아 보헤멘》 때문에 형을 선고받고 두 달 동안 감옥에 구금되기도 했다. 사법당국의 눈에는 그 책이 풍속을 현저히 해치는 것으로 보였던 모양이다. 유명한 '보헤미안의 9계명'은 바로 이 책에서 유래한 것이다.

보헤미안의 9계명

당시에는 허무주의, 무정부주의, 공산주의 사상이 전 유럽을 휩쓸고 있었다. 세기말의 이런 급진적인 분위기 속에서 예거는 크리스차니아(오슬로)에서 '크리스차니아의 보헤미안'이라는 지식인 그룹을 결성하는데, 거기에는 북구 상징주의 회화의 대표자 에드바르 뭉크Edvard Munch도 끼어 있었다. 예거와 뭉크를 비롯한 그룹의 성원들은 연애의 자유와 부르주아지 타도를 외쳤으며, 사회 모든 악의 근원이 기독교에서 유래한다고 믿었다.

'크리스차니아의 보헤미안'들은 예거가 만든 '보헤미안의 9계명'을 실천하며 살았다. 계명은 이렇다. "①네 삶을 써라▦ ②가족과 연을 끊어라 ③네 부모를 막 대하라(부모는 아무리 막 대해도 지나치지 않다) ④5크로네 이하의 돈 때문에 이웃을 치지 마라 ⑤촌스러운 자들을 미워하고 조롱, 무시, 경멸하라 ⑥셀룰로이드 소매 달린 옷을 절대로 입지 마라 ⑦스캔들 일으키기를 꺼리지 마라 ⑧후회하지 마라 ⑨스스로 목숨을 끊어라."

이 계명을 오늘날의 언어로 번역하면, '삶을 문학작품처럼 가꿔나가며, 도덕의 위선에 반항하며, 사사로운 연에 얽매이지 말며, 자신의 기질을 솔직히 표현하고, 사회의 평균적 속물이 되는 것을 경멸하며, 격식 따위는 내다 버리고, 필요하면 사회적 물의를 일으키기를 마다하지 않으며, 자신이 한 짓에 절대 후회하지 말고, 네 자신이 네 생명의 주인이 돼라.' 대략 이런 뜻이 되지 않을까? 물론 이런 식으로 살면 원만한 사회생활 따위는 포기해야 할 거다.

현대의 유목민들

기독교의 10계명은 "부모를 공경하라"고 말하나, '9계명'은 '부모 알기를 우습게 보라'고 가르친다. 이렇게 보헤미안의 9계명이 구약성서의 10계명을 패러디한 것은 당시 서유럽에서 기독교란 그저 하나의 종교가 아니라, 모든 화석화한 관습과 도덕의 뿌리이던 것과 관련 있다. 언뜻 보면 막장 인생이 되라는 얘기처럼 들리나, '9계명'은 그저 질식할 것만 같은 체제를 파괴함으로써 새로운 삶을 구축하라는 미학적 윤리의 도발적 표현일 뿐이다.

여기서 우리는 20세기 초의 아방가르드avant-garde 예술의 멘탈리티가 어디서 유래하는지 엿보게 된다. 널리 알려진 것처럼 아방가르드 예술가들은 (정치와 문화 양면에서) 자신을 부르주아 체제와 적대 속에 집어넣고, 기성 체제를 파괴하는 과정 속에서 이제까지 존재하지 않던 새로운 사회와 예술을 구축하려 했다. 이 멘탈리티는 보헤미안의 감성을 물려받아, 거기에 더 뚜렷한 정치적–이념적–미학적 표현을 합한 것에 불과한지도 모른다.

들뢰즈G. Deleuze가 말하는 '탈주'의 존재미학은 철학적 논증의 방식으로 이 아방가르드 예술의 멘탈리티를 사회적 저항의 미학으로 번역한 것이라 할 수 있다. 그렇다면 탈주의 미학 역시 과거로 거슬러 올라가면 결국 보헤미안의 라이프스타일, 더 나아가서는 집시의 생활방식에 맞닿아 있는 셈이다. 하긴, 집시는 원래 방랑자들vagabonds이 아닌가. 도덕과 염치를 모르는 이 방랑자들은 사회에서 탈주하여 글자 그대로 '유목적nomad' 삶을 살았다.

보헤미안, 이 '창조적 개새끼'의 존재미학이 엘리트주의적이라 비판할 수도 있다. 하지만 사회적 속박에서 벗어나기 위해 자발적 빈곤을 실천한 보헤미안의 라이프스타일은 자본주의라는 욕망기계에 자발적으로 종속되어 살아가는 오늘날의 대중에게 또 다른 삶의 영감을 줄 수 있다. 온몸을 감싼 미시권력의 망 속에서도 최소한의 자존심을 지키며, 이미 존재할 이유가 없는 화석화한 관습과 도덕의 폭력 앞에서 한 줌의 오만함을 갖는 것은 얼마든지 가능하지 않은가?

냉담한 멋쟁이
─나는 나 자신으로 만족한다

　신문을 보다가 우연히 '댄디dandy'라는 낱말에 시선이 꽂힌다. 분위기를 보니 요즘은 주로 패션 영역에서 '댄디' 얘기를 하는 모양. '댄디룩'? 이는 1990년대에 일본에서 유행하던 어법이 한국으로 건너온 것으로 보인다. '댄디'라는 말이 사용되는 또 다른 처세술에 관한 담론이다. "댄디즘을 통해 자신의 카리스마를 구축하라." 물론 이런 어법들은 '댄디'와 무관하다고 할 수 없지만, 18~19세기에 유럽을 풍미한 '댄디즘dandyism'의 본질과는 거리가 멀다.

　최초의 댄디

　인터넷 백과사전은 '댄디'를 "세련된 복장과 몸가짐으로 일반 사람에 대한 정신적 우월을 은연중에 과시하는 태도"로 규정한다. 하지만 '댄디'는 사람을 가리키므로, 그 기술은 차라리 '댄디즘'의 정의라 해야 할 것이다. '댄디'는 18~19세기 영국에서 독특한 복장과 취향과 매너를 통해 자신을 현대의 귀족으로 연출하던 이들을 가리킨다. 물론 그들 대부분은 고귀한(?) 혈통이 아니라 중산층 출신이었다고 한다.

최초의 근대적 댄디는 조지 브러멜George Brummell이라는 영국인. 그 역시 귀족이 아닌 중산층 출신으로서, 독특한 옷차림으로 당시 런던은 물론이고 유럽의 패션을 주도했다. 의상만이 아니라 기질도 독특했던 모양이다. 특유의 오만하고 냉담한 태도로 풍자와 독설을 내뱉으며, 사교계에서 스캔들 일으키기를 마다하지 않았다. 하지만 이 건방짐이 외려 묘하게 사람들의 마음을 끌어, 그는 조지 4세George IV의 궁정에서 일약 사교계의 총아로 떠올랐다.

이 괴짜(?)가 매력적 존재로 여겨진 것은, 당시 사회에 평균에서 벗어난eccentric 독특함에 대한 취향이 형성되어 있었음을 의미한다. "유명하기로 유명"했던 브러멜은 부친으로부터 거액을 상속받았으나, 전 재산을 사치와 도박으로 탕진한 후 빚쟁이에 쫓겨 프랑스로 도피했다가 그곳의 정신병원에서 비참한 죽음을 맞는다. 브러멜 이후 영국에서 '댄디'는 상당히 피상적으로 이해되어 옷차림이 세련된 신사라는 통속적 의미를 갖게 된다.

패션에서 정신으로

프랑스에서 댄디즘은 정치적 현상이었다. 혁명 이후 파리의 거리에는 '황금청춘jeunesse dorée'이라는 청년 그룹이 나타났다. 이들은 혁명을 지지하는 바지 입은 노동자 '상퀼로트sans-culotte'와 자신들을 구별하기 위해 일부러 귀족적 복장을 하고 다녔다. 자코뱅 공포정치에 대한 정치적 반감을 복장으로 표현하기 위함이었다. (혁명과 복장의 관계는 오늘날 역사학의 중요한 주제 중 하나다.) 그때 이들은 주로 브러멜의 패션과 에티켓을 모방했다고 한다.

프랑스의 댄디는 그 후 정치적 보헤미아니즘과 합류한다. 전통과의 과격한 단절, 부르주아 사회에 대한 경멸, 그리고 의식적인 자기 디자인. 이것이 그들이 내세운 삶의 원칙이었다. 프랑스에서는 영국과 달리 '댄디'가 그저 옷 잘 입는 멋쟁이가 아니라, 영혼의 깊이를 가진 지성인으로 다시 정의되기에 이른다. 댄디즘이 일종의 심오한 존재미학으로 이론화되는 것은 시간문제였다. 물꼬를 튼 사람은 작가 쥘 바르베 도르비이Jules Barbey d'Aurevilly였다.

도르비이는 〈댄디즘과 조지 브러멜〉이라는 글에서 댄디즘이라는 현상을 복장보다는 정신의 관점에서 분석한다. 그에 따르면, 댄디는 "감정의 부재, 자연에 대한 두려움, 대담함과 무례함, 사치에 대한 열정, 인공성과 개성에 대한 욕구로 특징"지어진다. 그에게 댄디는 문학의 주제이자 서사였으며, 동시에 존재의 미학이었다. 콤플렉스가 있었던 그에게 댄디즘은 외부의 공격으로부터 자기 내면과 자존을 지켜내는 심리적 기제이기도 했다.

모더니즘과 댄디즘

보들레르C. Baudelaire 역시 댄디즘을 복장에 대한 광적인 집착과는 구별되는 현상으로 본다. "생각이 얕은 많은 이들이 믿는 것과는 반대로, 댄디즘의 본질은 복장과 용모에 대한 과도한 즐거움에 있는 게 아니다. 완전한 댄디에게 이런 것들은 그저 정신의 귀족적 우월감을 보여주는 상징일 뿐이다." 보들레르에 따르면, "이들의 유일한 위상은 자기 자신의 인격 속에 미의 이데아idea를 함양하고, 자기 열정을 만족시키고, 느끼고 생각하는 것뿐이다."

보들레르는 댄디즘을 거의 영성의 단계로까지 끌어올린다. "어떤 측면에서 댄디즘은 영성과 스토이시즘stoicism에 접근한다." 댄디는 천박한 것을 혐오하며 어떤 상황에서도 '쿨'하게 금욕적stoic 미소를 잃지 않는다. 그에게 댄디란 한마디로 "미학을 살아 있는 종교로까지 고양시키는 사람"이다. 그가 댄디를 "거울 앞에서 사는 사람"이라 규정했을 때, 그 '거울'은 외면이 아니라 아마도 내면을 비추는 거울을 가리킬 게다.

댄디의 유일한 관심사는 제 삶의 미학성. "진보는 오직 개인 속에서,

그리고 개인 자신에 의해서만 이루어진다." 이 현대의 영웅은 자신을 미적으로 완성하는 것 외에 '절대적으로 목적 없는 존재'다. 혹시 댄디즘이 아방가르드 예술의 전사前史가 아닐까? '목적이 없는 존재'는 모더니즘의 형식주의를 닮았다. 부르주아 사회에 대한 경멸, 평등주의에 대한 반발에서 자율적 귀족을 연출한 것은 아방가르드 작가들의 엘리트주의와 상통하는 면이 있다.

'댄디'를 자처하는 껍데기들이 역겨웠던 것일까? 발자크H. de Balzac는 댄디를 "규방의 남자, 극단적으로 독창적인 마네킹"이라 비난한다. 물론 그가 댄디즘 자체를 부정한 것은 아니다. '댄디즘' 대신에 "우아한 삶"이라는 표현을 써가며, 그는 경제적 여유를 가진 사람은 그냥 빈둥거릴 게 아니라 '취향'을 가지고 "극단적으로 고양된 사유에 몰두"해야 한다고 주장했다. 발자크의 생각은 영국에 전해져 댄디의 대명사로 통하는 오스카 와일드Oscar Wilde에게 영향을 준다.

욕망 없는 욕망

보들레르가 댄디즘을 스토이시즘으로 영웅화했다면, 르네 지라르Rene Girard는 그 '쿨'한 태도의 바탕에 깔린 숨은 욕망을 지적한다. "댄디는 무관심한 냉담함froideur의 가장으로 정의된다. 하지만 이 냉담함은 스토아적 냉담함이 아니다. 그것은 욕망을 불태우기 위해 계산된 냉담함이며, 타자를 향해 끝없이 반복적으로 '나는 나 자신으로 만족한다'

고 말하는 냉담함이다. 댄디는 자신이 자신을 위해 가장하는 그 욕망을 다른 사람들이 모방하기를 바란다."

르네 지라르에 따르면, 욕망은 (결핍된) 대상과 (욕구하는) 주체의 이항관계가 아니다. 욕망은 삼각형이어서, 우리는 대상 자체가 아니라 타인이 욕구하는 것을 욕구한다. 대상에 냉담한 듯한 댄디의 '쿨'한 태도의 바탕에는 한 단계 더 높은 차원의 욕망이 깔려 있다. 가령 욕망을 포기했기에 디오게네스Diogenes는 아무것도 갖고 있지 않았다. 하지만 모든 것을 가졌던 알렉산더Alexander는 외려 "내가 왕이 아니라면 디오게네스가 되고 싶다"고 말하지 않았던가.

지라르에 따르면, 댄디는 대상에 대한 욕망을 포기하는 제스처를 통해 타인이 자신의 욕구를 욕구하게 만든다. 댄디는 "공적인 장소에서 자신의 무관심을 현시한다. 마치 쇳가루들 틈에 자석을 갖다 놓듯이. 그는 욕망을 위해 금욕주의를 보편화하고, 산업화한다. 이 기획보다 비非귀족적인 게 또 있을까? 이 기획은 댄디의 부르주아 영혼을 배신한다. 이 중절모 쓴 메피스토펠레스는 욕망의 자본가가 되기를 원한다."

댄디의 시대는 오래전에 지나갔다. 남은 것은 '댄디'라는 이름의 패션과, 워너비 댄디들의 인터넷 동호회뿐. 하지만 존재의 미학으로서, 혹은 욕망의 전략으로서 댄디즘은 그 누군가에게 여전히 살아 있을 것이다.

04

도시의 만보객
―뜨거운 참여와 차가운 관찰

　박태원의 소설 〈소설가 구보 씨의 일일〉은 미혼 남자가 경성 이곳저곳을 거닐다 친구를 만나 소설을 잘 쓰기로 다짐하며 새벽 2시에 귀가한다는, 어떻게 보면 아무것도 아닌 얘기다. 그럼에도 이 작품이 지니는 문학사적 의의는 지대하여, 그 뒤로 적어도 문인 두 명 이상이 그 모티브를 차용한 것으로 안다. 그도 그럴 것이 소설 속 인물 '구보 씨'는 보들레르가 거의 현대성modernity의 상징으로 여긴 만보객flâneur의 전형이기 때문이다.

파리와 경성의 만보객

　이 작품이 만보객에 주목한 벤야민W. Benjamin의 보들레르 연구나《아케이드 프로젝트》와 거의 동시대 산물이라는 것은 놀라운 일이다. 일본 문단에서 수입한 보들레르의 이야기를 조선의 한 유학생이 동경에서 접하고는 식민지 조선의 현대화를 기술하는 프레임으로 재도입한 것이리라. 스위스 작가 로베르트 발저Robert Walser가 최초의 만보객 문학 〈산책〉을 발표한 게 1917년임을 고려할 때, 식민지 조선의 문학이 오히려 요즘보다 세계문학의 흐름에 더 민감했던 것 같다.

흥미로운 것은 파리와 경성 사이의 넘을 수 없는 차이다. 당시 프랑스는 광대한 식민지를 거느린 제국이었고, 파리는 한 나라의 수도를 넘어 세계의 수도였다. 반면 조선은 어떤가? 당시 조선은 일본의 식민지였고, 경성은 파리와 같은 메트로폴리스에 비하면 변두리 중의 변두리에 불과했다. 이 엄청난 간극에도 불구하고 '현대성'이 던져준 충격shock과 중독intoxication은 파리와 경성의 거주민을 하나로 묶어주는 공통의 체험이었던 모양이다.

19세기에 파리의 댄디들은 거북이를 끌고 산책에 나서곤 했다. 거북이걸음으로 대도시를 걸음으로써 현대사회의 획일성, 속도감, 익명성을 비판하려 했다. 굳이 댄디가 아니어도 특별히 하는 일 없이 도시 이곳저곳을 기웃거리며 배회하는 것은 이미 오래전에 현대인의 일상이 되었다. 오늘날 만보객은 '윈도쇼핑'만큼이나 의미 없는 현상이 되어버렸지만, 보들레르가 살던 당시만 해도 거기에는 어떤 급진성이 존재했던 모양이다.

산보하는 식물학자

1848년 혁명 이후 프랑스 사회는 질서와 도덕으로 회귀하는 보수적 경향을 보였다. 문학과 예술에서도 마찬가지였을 것이다. 하지만 보들레르는 특유의 예리한 시각으로 전통적 예술은 도저히 현대적 삶의 역동성과 복잡성을 파악할 수 없음을 간파했다. 그때 그가 새로운 예술가 상像으로 제시한 것이 바로 '만보객'이다. 산업화로 인한 사회경제적 변화를 제대로 반영하려면 예술가들은 대도시에 몰입하여 "산보의 식물학자"가 되어야 한다는 것이다.

보들레르는 만보객을 "도시를 체험하기 위해 도시 속을 걷는 자"로 규정했다. 만보객은 구경을 하면서 동시에 구경을 당하는 자다. 구경을 한다는 것은 벌어지는 일에 개입하지 않는 소극적 태도를 의미한다. 하지만 스스로 도시 풍경으로 들어가는 것은 동시에 매우 적극적인 참여의 태도를 의미한다. 만보객은 제 자신이 도시의 일부가 되면서 동시에 거기에 거리를 취한다. 그런 의미에서 만보객은 한마디로 '참여자-관찰자'라 할 수 있다.

보들레르에게 '만보객'은 모더니티를 이해하는 키워드. 그는 만보객에게서 현대적 시인과 문인, 나아가 지식인의 모습을 본다. 현대적 지식인은 주위에서 벌어지는 사건에 참여하지 않는 냉소적 관찰자다. 하지만 동시에 열정을 가지고 주제들의 삶 속으로 뛰어드는 군중의 사람이

기도 하다. 그리하여 보들레르에게서 거북이를 끌고 메트로폴리스를 산책하는 댄디는 현대적 지식인의 은유가 된다(박태원의 소설에서 '구보 씨' 역시 소설가임을 기억하라).

사회경제적 조건

게오르크 지멜Georg Simmel은 정신적 태도로서 '만보객'이 발생할 수밖에 없는 사회경제적 조건을 제시한다. 기능의 분화가 진행될수록 개인은 사회 속에서 다른 누구와 비교할 수 없는 독보적 존재가 된다. 하지만 그를 독보적으로 만들어주는 그 조건이 외려 그를 (제 일을 제외한 다른 모든 영역에서는) 더욱더 다른 사람에게 의존하게 만든다. 이 때문에 자신을 둘러싼 압도적 힘들로부터 자율성을 지키는 것이 현대인의 절실한 과제가 되었다는 얘기다.

만보객은 실제로는 자신이 익명적인 군중의 일부이면서도, 심리적으로는 냉정한 관찰자가 됨으로써 군중과 자신을 구별하려 한다. 그런 의미에서 참여자−관찰자의 모순적 규정을 가진 만보객은, 지멜의 지적처럼 그 자체가 '현대인의 조건conditio humana moderna'인지도 모른다. 한때 만보객을 19세기의 지나간 현상으로 치부했던 벤야민이 파리의 생활을 거치면서 이 현상에 다시 주목한 것도 아마 그 때문일 것이다.

'만보객'의 등장으로 건축과 도시의 디자인은 이제 구경꾼까지 고려하게 된다. 벤야민이 파리의 아케이드에 관심을 기울인 것은 그 때문일 거다. 아마도 벤야민 자신이 아케이드의 만보객이었을 거다. 흥미로운 것은 그가 지식인을 만보객에 비유하는 대목. "지식인은 만보객으로 시장에 들어왔다. 그들은 관찰을 한다고 생각하나 그것은 실은 구매자를 찾기 위함이다. 이 과도기에 그들은 보헤미안의 형태를 취한다. 그들의 경제적 불확실성에 정치적 기능의 불확실성이 조응한다."

군중 속의 고독

보들레르는 어디선가 이렇게 말했다. "군중은 만보객의 요소다. 그것은 공기가 새의 요소이고, 물이 물고기의 요소인 것과 마찬가지다. 그의 열정은 군중과 하나의 몸이 되는 것이다. 완벽한 만보객에게, 이 열정적 관찰자에게 다중의 중간에, 운동의 밀물과 썰물 한가운데에, 일시적인 것과 무한한 것의 한가운데에 집을 세우는 것은 그의 어마어마한 작업이다." 군중의 하나이면서 동시에 그들과 구별되는 것은 보들레르의 말처럼 "어마어마한 작업"이다.

어느 팟캐스트 방송 때문에 이른바 '좌파 지식인'이 졸지에 '입진보'라는 비난을 받았다. 비난을 하는 군중을 귀에 이어폰이나 꽂고 다니는 '귀진보'라 받아치기는 쉽다. 어려운 것은 이런 비난을 가능하게 만든 사회적 조건의 성찰이다. 팟캐스트의 군중은 지식인을 향해 자신들과 완벽하게 한 몸이 되라고 외친다. 그들은 지식인을 향해 "너희들은 역사의 창조자가 아니라 구경꾼일 뿐"이라고 비난한다. 대체 왜 이런 현상이 나타나는 것일까?

보들레르가 지적한 것처럼, 사실 만보객으로서의 지식인에게도 군중과 하나가 되려는 열망은 존재한다. 거리에서 군중과 하나 되는 것은 심지어 중독이 될 만큼 황홀한 것이기도 하다. 하지만 만보객에게는 또 하나의 욕망이 있다. 댄디의 정서든, 보헤미안의 정서든, 군중이라는 평준화에 대한 심리적 저항이다. 2008년의 촛불집회를 통해 나는 뜨거운 참여와 차가운 관찰이라는 만보객의 이 모순적 규정을 몸으로 체험하고 글로 기록하기도 했다.

지금 군중이 지식인에게 포기하라고 말하는 것은 바로 이 차가운 관찰자의 측면이다. 자신을 이미 계몽된 존재로 여기는 군중은 공공연히 지식인들의 그런 정서가 "재수 없다"고 말한다. 이 현상은 나에게 답하기 어려운 물음을 던진다. '만보객'이라는 지식인상像이 더는 유효하지 않다. 그렇다고 지적 기회주의자가 되어 군중이 요구하는 대로 그들과 완벽히 한 몸이 될 수도 없다. 그렇다면 만보객을 대체할 새로운 지식인의 이상은 도대체 어디에서 찾아야 한단 말인가.

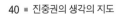

2부

미디어가 만드는 세계

TV에서 라디오, 신문, 잡지, 인터넷, 팟캐스트까지 바야흐로 미디어가 범람하는 시대다. 정보의 종류도, 양도 헤아릴 수 없다. 무엇을 듣고, 무엇을 믿고, 무엇을 배척할 것인가? 미디어의 이야기를 이용할 것인지, 그들의 이야기에 이용당할 것인지는 내가 어떤 기준과 관점으로 대하느냐에 달려 있다. 미디어를 만드는 것도 사람이고, 미디어를 부수는 것도 사람이다.

05

커뮤니케이션의 편향
―매체가 문명을 결정한다

문명의 역사에 접근하는 방법 중에서 가장 흥미로운 것은 해롤드 이니스Harold Innis의 것이 아닐까? 특이하게도 그는 '매체'라는 매개변수를 이용하여 지구 위에 존재했던 문명의 흥망성쇠를 설명하려 한다. 그의 말에 따르면, 모든 매체에는 어떤 편향bias이 내재하며, 그 편향을 극복하느냐 못 하느냐에 따라 문명의 운명이 결정된다는 것이다. 정말로 매체가 문명의 운명을 결정하는지는 몰라도, 둘 사이에 모종의 연관이 존재하는 것만은 분명하다.

돌에서 파피루스로

널리 알려진 것처럼 이집트문명은 시간의 유한성을 극복하려는 충동

에 사로잡혀 있었다. 그들은 긴 세월을 이겨내도록 피라미드와 스핑크스를 지었고, 심지어 사체마저도 썩어 없어지지 않게 미라로 처리했다. 그들은 자신들의 정보를 상형문자에 담아 돌에 새겼다. 돌을 매체로 사용하는 문명은 자연스레 시간편향time bias을 갖게 된다. 신전이나 무덤, 기념비에 새겨진 정보는 다른 지역으로 운송하기 어렵기 때문이다.

하지만 이집트가 제국으로 발전하기 위해서는 다른 매체가 필요했다. 그때 등장한 것이 바로 파피루스다. 종이는 내구성이 없는 대신에 운송이 간편하다. 넓은 지역을 다스리려면 문서를 통한 통치가 필요하다. 파피루스의 발명으로 이집트는 비로소 지중해 전역을 지배하는 제국으로 성장할 수 있었다. 하지만 파피루스는 돌이라는 매체와는 반대의 편향, 즉 공간편향space bias을 갖는다. 구심력 대 원심력의 관계랄까?

돌에 새겨지는 정보란 대개 국가나 종교에 관한 신성한 내용이나, 파피루스에 새겨지는 정보는 행정이나 경제, 혹은 시민의 일상에 관한 세속적 내용일 수밖에 없다. 주도적 매체의 변화는 곧 사회 자체의 변화를 의미한다. 시간편향을 가진 사회는 보수적이고, 공간편향을 가진 사회는 개방적일 수밖에 없다. 이집트문명은 이 새로운 원심력(공간편향)을 바로잡아줄 구심력(시간편향)의 부족으로 결국 멸망하고 만다.

구술에서 문자로

흥미롭게도 고대 그리스에서 문자의 도입은 상당히 늦었다. 소크라테스는 글을 쓰지 않았다. 그의 제자 플라톤은 글을 썼지만, 그의 글은 대화체로 되어 있다. 아리스토텔레스에 이르러서야 비로소 오늘날처럼 문어체로 된 글이 등장한다. '말'은 흔히 생각하는 것처럼 가벼운 매체가 아니다. 육중한 기념비만큼이나 발화되는 시간과 장소를 벗어나지 못하기 때문이다. 그리하여 구술문화는 시간편향을 갖는다.

그리스에서 문자의 도입이 늦은 것은 두 가지 의미에서 외려 축복이었다. 그 덕분에 모든 시민이 말을 통해 국사를 결정하는 직접 민주주의 제도를 가질 수 있었다. 빛나는 예술문화를 가질 수 있었던 것도 문자의 도입이 늦은 덕분이다. 그리스인들의 신은 신전과 신상, 연극과 서사시 같은 이미지로 존재했기 때문이다. 기독교처럼 텍스트(경전)로 된 종교는 이미지를 금지하는 경향이 있다.

하지만 '말'에 의존하는 한, 그리스는 조그만 도시국가를 벗어날 수 없었다. 영토를 확장하려면, 무엇보다도 문서통치가 필요하기 때문이다. 그리하여 세력을 확장하려 했을 때, 구술정치에 근거한 직접 민주주의가 무너지고 문서통치에 입각한 제국으로 변모했다. 이로써 고대문화는 새로이 공간편향을 갖게 된다. 이 새로운 편향을 바로잡으려는 과정에서 결국 고대의 제국은 몰락하고 만다.

양피지에서 종이로

로마가 기독교를 수용한 것은 이 원심력을 견제할 구심력을 확보하기 위한 시도라고 할 수 있다. 중세인들은 성서의 신성한 정보를 양피지에 필사했다. 양피지는 내구성이 길고, 그것으로 만들어진 책은 신성한 지식으로 여겨져 수도원의 도서관에 고이 보관되었다. 이로써 중세 사회는 자연스레 시간편향을 갖게 된다. 게다가 중세의 유럽은 장원 안에서 모든 것을 해결하는 자립경제의 고립된 공동체 사회가 아니었던가.

유럽인들이 이 시간편향을 극복하려 했을 때 기독교 중세는 몰락하기 시작했다. 근대는 바야흐로 이른바 국민경제를 가진 국민국가가 형성되는 시기였다. 이제 공동체들은 상호 고립에서 벗어나 이른바 '국경'이라는 것을 이루기까지 공간적으로 확장되어야 했다. 바로 이 시기에 등장하는 것이 마침 중국에서 도입된 종이를 사용한 인쇄술의 등장이다. 그 이후 유럽에서 어떤 일이 벌어졌는지는 군이 말할 필요가 없을 것이다.

물론 이 근대의 인쇄문화 역시 고유의 편향을 갖고 있다. 특히 보슈주의자라면 인쇄문화의 공간편향 덕분에 사회적 구심점이 사라졌다고 느낄 것이다(한스 제들마이어Hans Sedlmayr가 현대예술을 가리켜 '중심의 상실'이라 했던 것을 기억해보라). 해롤드 이니스, 마샬 맥루한Marshall McLuhan, 월터 옹Walter J. Ong과 같은 캐나다 토론토 학파는 이 구텐베르크 은하의 편향을

20세기의 새로운 구술문화, 즉 전자문화가 바로잡아줄 수 있다고 믿는 모양이다.

새로운 구술문화

맥루한은 구술문화가 대의제 민주주의의 편향을 직접 민주주의의 요소로 바로잡을 수 있다고 보았다. 실제로 오늘날 우리는 TV를 통해 정치인들의 토론을 방 안에서 지켜보다가 전화를 이용해 토론에 참여하지 않는가. 맥루한은 심지어 정보를 사운드로 전달하는 TV와 라디오가 감각의 편향을 바로잡아주기를 기대했다. (말을 듣는) 귀를 (책을 읽는) 눈으로 대체한 문자문화의 시각편향을 전자매체가 교정해준다는 얘기다.

'지구촌global village'이라는 말은 이런 관점에서 이해되어야 한다. 과거의 구술문화는 촌락(고대에는 폴리스)에 한정되어 있었다. 하지만 말이 일단 전자매체에 실리면 거의 전 세계로 확산되고, 그 결과 전 지구적 범위의 촌락공동체가 등장하게 된다. 인터넷은 지구촌의 디지털 버전이다. 이상적인 경우, 이 새로운 공동체 안에서 인쇄문화의 '이성'과 구술문화의 '감성'은 서로 편향을 견제하며 공존할 것이다.

팟캐스트 하나로 한참 사회가 시끄러웠다. 그 방송에 열광하는 이들이 진보지식인들의 한계를 지적할 때, 그들은 자신들도 의식하지 못하는 사이에 문자매체에 내재된 어떤 편향을 올바로 지적하고 있다. 가령 이성의 과잉, 공감의 결여, 행동의 부족, 소통의 일방성 등. 그 팟캐스트 방송의 성공은 바로 이 편향에서 비롯된 어떤 '결핍'의 결과일 것이다. 다만 기억해야 할 것은 편향은 '모든' 매체에 존재한다는 점이다.

앞에서 살펴본 것처럼, 제국의 성쇠는 매체의 내재한 편향을 어떻게 극복하느냐에 달려 있다. 무려 600만의 신민을 거느렸다는 이 새로운 제국의 운명 역시 다르지 않을 것이다. 문제는 이 매체가 문자문화의 편향을 바로잡는 수준을 넘어, 아예 그것을 적으로 돌리는 경향을 보인다는 것. 물론 새로운 현상은 아니다. 중세에도 민중은 라틴어로 말하는 신부보다 자신들의 언어로 말해주는 아마추어 탁발승을 '애정'했기 때문이다.

팟캐스트 자체에 내재된 편향이 본격적으로 드러날 경우, 거기서 또 다른 결핍이 발생할 수밖에 없다. 물론 그 편향을 바로잡기 위해서 또 다른 욕망이 등장할 것이다. 문명과 마찬가지로 매체 또한 자기 운명을 갖고 있고 그 운명은 물론 평소에 자신의 편향을 인지하고 적절히 관리해나가는 능력에 달려 있다.

*06

토탈 신파
—감정과잉의 오류

    지금이야 익숙해졌지만, 유학에서 막 돌아왔을 때는 방송이 무척 낯설게 느껴졌었다. 정서에도 기후가 있다면, 독일 사회는 한랭건조하고, 한국 사회는 고온다습하다. '눈물 없이는 볼 수 없는' 이야기로 가득 찬 습식 TV를 보는 것은 한랭건조한 기후 속에 살다 온 사람에게는 정서적으로 힘이 드는 일이었다. 장르 구별 없이 모든 프로그램이 '드라마'를 지향하는 것도 그렇지만, 특히 인상적이었던 것은 뉴스 리포트 꼭지에조차 감정을 자극하는 서정적 음악을 배경으로 깔아놓는 관습이었다.

모니터에 흐르는 눈물

    옛날에는 동네 영화관의 영화에 비가 내리곤 했는데, 요즘은 HD TV

모니터에 비가 내리는 듯하다. 물론 우연의 일치겠지만, 채널을 돌리다 보니 여기저기서 눈물을 흘리고 있었다. 드라마에서는 배우가 울고, 오디션 프로그램에서는 참가자가 울고, 또 다른 프로그램에서는 아예 합창단원 전체가 운다. 하지만 TV가 흘리는 눈물에도 10년 사이에 약간의 변화가 있는 것 같다. 10년 전에는 그 눈물이 삶의 절절함에서 나왔다면 요즘은 그 눈물이 주로 프로그램이 연출하는 가상의 상황 속에서 인위적으로 제작된다는 느낌이다.

식민지 시절 창극에서 연극으로 넘어가는 과도기에 '신파극'이라는 게 있었다. "눈물 없이는 볼 수 없는"이라는, 이제는 거의 관용어가 된 표현은 원래 신파가 자아내던 정서적 효과와 관련이 있을 것이다. 내 기억에 따르면, 1990년대 초에 어느 극단에서 이 신파극을 그대로 재현한 적이 있다. 식민지 시대에는 객석에 눈물바다를 연출했던 이 공연을 보며, 현대의 관객들은 박장대소를 했다고 한다. 신파의 관습적 장치와 배우의 과장된 연기가 현대의 감성에는 그로테스크하게, 말하자면 기괴하면서도 우스꽝스럽게 느껴졌기 때문이리라.

지금 우리가 보는 TV 프로그램을 50년 뒤의 우리 후손들이 보면 어떤 반응을 보일까? 그때는 지금보다 연출기법이 비교할 수 없을 정도로 발달해 있을 테니, 50년 전의 낯선 연출기법을 보며 아마 박장대소를 할 것이다. 하지만 그들이라고 신파의 전통에서 완전히 자유롭지는 못할 것이다. 우리의 프로그램들이 네오-신파로 가득 차 있듯이, 50년 뒤의

우리 후손들 역시 (그로부터 다시 50년 뒤에 자기 후손들에게 비웃음당할) 또 다른 신파를 개발해 즐기고 있을 테니까. 공동체의 정서가 그리 쉽게 바뀌는 게 아니다.

위대한 고요함

고전주의자들이라면 이 감정의 과잉을 불편하게 여길 것이다. 《고대 예술 모방론》에서 빙켈만J. J. Winckelmann은 고전적 아름다움은 〈라오콘 군상〉이 보여주듯이 '고귀한 단순함과 위대한 고요함'에 있다고 말한다. "폭풍우가 바다의 표면에 몰아친다 해도, 바다의 아래는 평정하고 움직이지 않는 것처럼, 그리스의 아름다운 형상들의 표정은 가장 격렬

한 충격과 가장 무서운 격정 속에서도 늘 위대하고 고요한 영혼을 보여준다." 이것이 우리가 모방해야 할 그리스 예술의 미적 이상이자, 동시에 그리스문화의 이상적 인간형이라는 것이다.

이 '위대한 고요함'을 잘 보여주는 것이 바로 헬레니즘Hellenism 시대의 명작 〈라오콘 상〉이다. 트로이의 신관 라오콘Laokoon은 동료 시민들에게 목마를 성안에 들여놓으면 도시에 재앙이 초래될 것이라고 경고했다. 트로이의 멸망은 신들에 의해 이미 예정되어 있었기에, 이를 천기누설이라 여긴 신들은 거대한 바다뱀을 보내 라오콘과 그의 자식들을 물어 죽이게 한다. 하지만 고대의 시 속에서 라오콘은 창을 들고 바다뱀에 과감히 맞서며, 고대의 조각 속에서 라오콘은 바다뱀에 물려서 죽어가는 극한적 고통 속에서도 영혼의 평정함을 유지한다.

감정을 억제하는 데서 영혼의 위대함을 보는 빙켈만의 고전주의 미학은 괴테J. W. von Goethe나 실러J. C. F. von Schiller와 같은 대문호를 거치면서 거의 독일의 국민적 미감으로 자리 잡는다. 독일인들의 한랭건조한 정서가 어디서 비롯되었는지는 알 수 없지만, 적어도 고전주의 미학이 그것의 형성에 중요한 역할을 했다는 것은 부정할 수 없으리라. 그리스인의 이상이었던 '칼로카가티아kalokagathia'가 미적 가치美와 윤리적 가치善를 통합했던 것처럼 고전주의 미학 역시 독일에서 예술을 위한 미적 이상이자 인간을 위한 윤리적 이상이었기 때문이다.

유미주의의 감성

일본의 동북 지방에서 지진으로 쓰나미가 발생했을 때, 한국인들은 일본인들의 침착한 대응을 보고 충격을 받았다. 거기에는 아마 여러 요인이 있을 것이다. 가령 거기에는 국가에 대한 비판을 일절 허락하지 않는 일본 사회의 보수적 분위기가 작용했을 것이다. 하지만 그보다 중요한 요인은 일본 특유의 유미주의문화로 보인다. 독일의 고전주의에서 감정을 표출할 때조차도 위대한 고요함을 요구하듯이, 일본의 사무라이 미학은 무사들에게 죽음의 공포를 초월하여 그 어떤 고통의 상황에서도 평정을 유지할 것을 요구한다.

어린 시절 누군가에게 들은 얘기다. 진주만 기습의 영웅 야마모토山本五十六 제독이 전사했을 때, 일본은 이 국민적 영웅의 마지막 길을 국장國葬으로 배웅했다. 그때 제독의 부인은 남편의 죽음 앞에서도 일절 감정적 반응을 보이지 않았다고 한다. 하관을 마치고 돌아서면서 그녀는 딱 한 방울의 눈물만 흘렸다고 한다. 이 눈물의 '농도'는 그 어떤 눈물의 양으로도 대체할 수 있는 게 아니리라. 이 얘기가 어디까지 사실인지 알 수 없지만 적어도 일본인 특유의 유미주의 정서는 이런 부류의 얘기에서 진한 감동을 먹는 것이 사실이다.

때로 이 유미주의가 괴이함으로 치달을 때도 있다. 언젠가 김선일이 이라크 반군들의 손에 참수당했을 때, '살려달라'고 호소하는 그의 모습을 담은 비디오가 공개됐다. 지인을 통해 듣자 하니 그가 아는 일본인이 비디오를 보고 이렇게 말했단다. "한국인은 어떻게 죽는지를 몰라." 살려달라고 울고불고 비는 것이 그의 사무라이 감성을 거슬렀던 모양이다. 그 얘기를 듣고, 지인에게 그 일본인에게 이렇게 전해달라고 말했다. "맞다. 한국인들은 '어떻게' 죽는지를 모른다. 그런데 일본인들은 '왜' 죽는지를 모른다."

감정과잉의 오류

《고대 예술 모방론》에서 빙켈만은 '파렌티르시스parenthyrsis', 즉 감정과잉의 오류에 대해 얘기한다. 우리도 일상에서 종종 범하는 실수이기도 하다. 가령 감상에 젖어 밤에 쓴 일기를 벌건 대낮에 읽어보라. 얼마나 민망하던가? 파렌티르시스의 오류에 빠진 작가는 억지로 '눈물'을 짜내려 한다. 하지만 그럴수록 지켜보는 독자나 관객은 더 민망해질 뿐이다. '웃음'도 마찬가지다. 농담이 효과적이려면, 농담을 하는 이는 웃지 말아야 한다. 농담을 하는 이가 먼저 웃어버리면 정작 웃어야 할 청중은 웃지 못하고 분위기만 썰렁해질 것이다.

하지만 한국처럼 파토스pathos가 넘치는 사회에서는 눈물의 과잉을 미학적 '오류'라기보다는 인간적 '공감'의 통로로 여긴다. 눈물을 생산하는 방송의 테크닉은 날로 세련되고 복잡해지겠지만 '눈물'을 통해 교감하고 싶어 하는 대중의 정서는 영원하다. 이런 나라에서는 최첨단

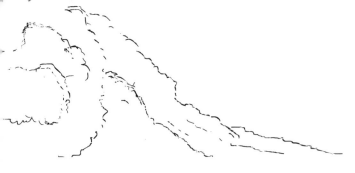

HD 모니터 위에도 주룩주룩 비가 내린다. 보드리야르J. Baudrillard였던 가? 토탈 스크린에 대해 얘기한 것이. 과거의 눈물이 카메라가 비추는 삶에서 나왔다면, 지금 모니터 위의 눈물은 방송사에서 연출한 가상의 상황 속에서 생산된다. 한국에서 토탈 스크린은 이렇게 토탈 신파와 결합한다.

언어의 착취
—자본주의 시장 속의 언어

〈규칙과 패러독스〉라는 리오타르J. F. Lyotard의 짧은 에세이를 읽었다. 거기서 그는 '포스트모던'을 하나의 시대('모더니즘 이후')로 보는 대신에 하나의 정서, 혹은 정신의 상태로 규정한다. 지난 20년간 세계를 휩쓸고 지나간 '포스트' 담론의 홍수를 통해 우리는 그것이 어떤 상태인지 잘 안다. 정서 혹은 정신으로서 포스트모던이란 근대의 신앙, 이른바 근대의 '거대서사grand récit'를 더 이상 믿지 않는 깊은 불신의 상태를 의미할 게다.

서사의 죽음

근대라는 시기에 프랑스 계몽주의자들은

'인류의 해방'이라는 서사를 만들어냈다. 하지만 오늘날 진정한 자유, 평등, 박애의 세상이 오리라 믿는 사람은 거의 없을 거다. 근대라는 시대에 독일의 관념철학은 '정신의 실현'이라는 서사를 만들어냈다. 하지만 예나 지금이나 인간의 정신적 수준에는 큰 차이가 없어 보인다. 어떤 면에서 활자매체로부터 멀어지는 이 시대에 사회의 교양 수준은 책을 읽던 시대보다 후퇴한 느낌이다.

좌익들은 '프롤레타리아 혁명'의 서사를 만들어냈으나, 아무리 늦어도 1980년대 후반 이후 그 거창한 서사는 세계사의 악몽으로 드러났다. 그렇다고 자본주의적 서사가 승리한 것도 아니다. 리오타르에 따르면 자유주의적 버전이든 신자유주의적 버전이든 자본주의의 서사 역시 이미 1980년대에 위기에 처했다. 자본주의의 서사는 '모두가 더 부유해질 수 있다'는 것. 하지만 세계 어느 곳에서나 모두가 더 부유해지리라는 믿음은 사라지고 있다.

이것이 "자본주의의 몰락을 의미하는 것은 아니다. 그저 자본주의가 더 이상 자신을 어떻게 정당화할지 모르게 되었다는 것을 의미"할 뿐이다. 이 정당성의 위기를 자본주의는 어떻게 극복하고 있는가? 리오타르에 따르면 오늘날 자본주의는 "언어를 착취한다." 즉 매체와 정보기술을 이용해 문장들의 유통을 통제함으로써 자본주의는 굳이 체제로서 자신을 정당화하지 않고도 그럭저럭 이 위기에서 벗어나고 있다는 것이다.

이진코드의 세계

언어 착취란 무엇인가? 매체와 정보기술은 오직 제 언어로 번역 가능한 문장들, 즉 전자 데이터 프로세싱에 적합한 문장들만을 허용한다. 그리하여 지식인들이 미디어에서 그와 다른 방식으로 말하려 할 경우, 곧바로 대중으로부터 '난해하고 복잡하다'는 비난을 받게 된다. 프랑스의 꽤 전위적인 편집자가 어느 유명한 신문사에 왜 자기 책을 소개 안 해주냐고 항의를 했다가 결국 이런 답변을 받았다. "소통 가능한 책들을 보내주시오."

리오타르에 따르면 과학이나 철학이나 예술의 문장은 전자 데이터 프로세싱과는 애초에 호환성이 없다. 왜냐하면 데이터 프로세싱은 근본적으로 "Yes-No라는 불Boole 대수의 이진논리binary logic"에 따라 기능하기 때문이다. 오늘날 언어의 시장은 곧 미디어의 시장이 되었다. 그 시장에서 순환되려면 문장들은 무엇보다 "경쟁력"이 있어야 한다. 과학이나 철학이나 예술은 단순한 이진논리의 시장에선 당연히 경쟁력을 가질 수 없다.

뭔가 전달하는 것(이른바 '정보')을 담지 못한 문장들은 시장에서 도태된다. 문제는 과연 언어가 그저 도구, 그것도 소통의 매체에 불과한가 하는 것이다. 철학자와 예술가들이 하는 작업의 바탕에는 언어가 한갓 도구가 아니라는 인식이 깔려 있다. 그들은 언어 자체가 자율적이며, 그

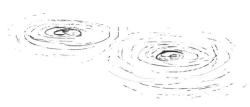

자율적 실체의 비밀을 밝혀내는 게 자신들의 과제라는 전제에서 출발
한다. 하지만 시장에서 상품이 될 수 있는 것은 '언어'가 아니라 그 안
에 담긴 '정보'다.

코드와 메시지

이렇게 생각해보자. 소통이 가능하려면 수신자와 발신자는 코드code
를 공유해야 한다. 가령 러시아어 문장을 한국어 사용자가 이해할 수는
없잖은가. 매체의 시장에서는 이렇게 발신자(작가)와 수신자(대중)가 공
유하는 코드로 작성한 문장만이 상품이 될 수 있다. 문제는 이 경우 수
신자나 발신자가 자기들이 공유하는 코드 안에 영원히 갇혀버린다는
데에 있다. 그런데 철학이나 예술의 과제는 바로 그 코드 자체를 반성하
는 데에 있다.

"요즘은 갤러리랑 안 놀아. 거기서는 4년 전 작품을 달래. 그러다 보
면 내 작업을 못 해." 작고한 고 김점선의 말이다. 작가는 대중이 이해
하지 못하는 언어(코드)로 작품(메시지)을 만든다. 대중은 알지 못하는 코
드로 작성된 그 메시지를 이해하는 데에 어려움을 겪는다. 하지만 시간
이 지나면서 대중은 작품들 속에 구현된 작가의 언어를 이해하게 된다.
물론 대중은 작가가 계속 (이제 겨우 이해한) 그 언어로 작업할 것을 요구할
게다.

철학의 처지도 다르지 않다. 철학의 과제는 대중이 사용하는 언어로 '정보'를 전달하는 작업이 아니라, 대중이 사용하는 그 언어를 '반성'하게 하는 데에 있다. 철학의 문장에서 주목해야 할 것은 그것을 통해 through 전달되는 '정보'가 아니라, 그 문장 속에in 구현된 새로운 '언어', 그 언어의 낯섦을 통해 촉발되는 새로운 '사유'다. 이 낯섦은 소통을 방해한다. 소통할 수 없는 문장은 매체의 시장에서 상품으로서 경쟁력을 가질 수가 없다.

언어의 시장

김어준이 '진보지식인'의 무능을 비판한 적이 있다. 과연 그의 말대로 '진보'는 매체의 시장에서 경쟁력을 잃었다. 한나라당/민주당이라는 이진코드binary code를 벗어난 문장은 진보(?)언론에서조차도 상품성이 없다. 거기에 김규항은 '반MB 전선에 매몰된 담론이 더 나은 사회를 상상하는 것을 방해한다'고 열심히 항변하나, 상품성이 없는 그의 문장은 그저 시장 밖의 좌파 수도원 내에서 자기들끼리 가짜와 진짜를 감별하는 용도로나 쓰일 뿐이다.

'지식인'도 마찬가지다. 이진코드로 환원되지 않는 깊은 성찰은 대학에서도 찾아보기 힘들다. 오늘날 대학은 경쟁력 있는 문장을 생산하는 곳이다. 빌렘 플루서Vilem Flusser는 "미래에 인문학자는 수도승이 될 것"이라고 예언했다. 세속에 물들지 않고 인문학적 성찰을 계속하는 학문

공동체들이 종종 수도원 비슷하게 운영되는 것은 결코 우연이 아니다. 중세의 수도원처럼 그들은 악에 물든 세속에서 신성한 인문학의 진리를 보존하려 한다.

김어준의 말은 '너희들은 경쟁력이 없다'는 시장의 자신감에 젖어 있다. 문제는 이른바 '경쟁력 있는' 문장은 대중과 공유하는 그 코드에 갇힐 수밖에 없다는 것. 가령 그의 말대로 문재인을 대통령으로 만들 경우 대중은 다시 이진코드(민주/한나라)의 매트릭스에 갇힐 것이다. '이성이 감정을 이긴 적이 없다'는 그의 노골적인 반지성주의는 그러잖아도 이성의 결핍으로 고통받는 사회를 영원히 피아와 호오의 단순논리 속에 잡아가둘 것이다.

이진코드의 경쟁력은 복잡한 세상을 단 1비트로 요약해주는 편리함에서 나온다. 피/아의 1비트 매트릭스에서는 김연아와 인순이마저도 편의상 '적'으로 분류된다. 언어를 착취하는 데서는 좌파도 공범이다. 진보매체들이 일제히 정명훈을 공격하고 나선 때가 있었다. 시향의 연주 수준을 음악적으로 평가하는 문장은 상품성이 없다. 매체의 시장에서 팔리는 문장은 역시 이런 것. "정명훈이 시민의 혈세 20억을 연봉으로 챙겼다!" 이건 어떤가? "정명훈 같은 '귀족화한 음악가'를 옹호하다니. 진중권은 전향했다." 이 선정적인 문장은 무려 박노자 선생의 것이다.

희망버스
―네트워크를 물질화하다

 "트위터가 세상을 바꾼다." 독설닷컴의 고재열 기자가 언젠가 자신의 트위터 계정에 내걸었던 모토다. 당시 이 모토가 몇 사람의 심기를 거슬렀던 모양이다. 인터넷에는 금방 '트위터로 세상이 바뀌지 않는다'는 반론이 올라왔다. 하지만 그 얼마 후 중동에는 이른바 'SNS 혁명'이 일어나, 수십 년 동안 장기집권했던 독재자들이 줄줄이 권좌에서 물러났다. 물론 그 혁명을 SNS가 일으켰다고 할 수는 없겠지만, 적어도 SNS가 기존 통치에 균열을 내 중동의 민주화를 촉진하는 촉매의 역할을 했다는 데에는 이견이 없을 것이다.

한진중공업과 희망버스

한국에서도 비슷한 일이 있었다. 한진중공업 영도조선소에서 고공농성을 하고 있던 민주노총 김진숙 지도위원을 응원하기 위해, 시민과 노동자들이 이른바 '희망버스'를 타고 전국에서 몰려들었다. 2011년 6월 11일의 1차 희망버스 행사는 비교적 작은 규모였지만, 배우 김여진의 참여로 인해 전국적 관심의 대상이 되었다. 당시의 상황은 현장에 있던 이들의 트위터를 통해 실시간으로 중계되었고, 그렇게 올라온 트윗을 시민들은 역시 실시간으로 리트윗하여 언론의 무관심 속에서 한진중공업 사태를 이슈의 초점으로 만드는 데에 성공했다.

같은 해 7월 9일에 실시된 2차 희망버스 프로젝트는 규모 자체가 달랐다. 195대의 버스에 나눠 타고 부산에 도착한 10,000여 명의 시민들은 부산역에서 집회를 마치고 영도까지 행진을 한 뒤 조선소로 진입을 시도했다. 보수언론과 보수정치는 이 상황에 상당히 위협을 느꼈던 모양이다. 당시 한나라당의 김형오 의원은 "정권의 위기가 부산에서 오고 있다"고 경고했고, 부산시와 영도구 의회는 3차 희망버스에 반대한다는 결의문을 발표했으며, 보수언론에서는 연일 희망버스로 인한 영도구 주민의 피해를 강조하는 기사를 쏟아냈다.

다른 기업들과 달리 한진중공업은 조선업의 미래를 고작 필리핀의 싼 노동력에서 찾았다. 그러다 보니 사실상 형해화形骸化한 영도조선소를 그저 '한국'의 기업이라는 브랜드 가치를 위해 껍데기로 유지하게 된 것이다. 영도 주민 입장에서는 기업의 해외이탈이 반가울 리 없었다. 지역경제의 공동화를 낳기 때문이다. 반면, 대폭 축소된 규모로나마 조선소가 빨리 정상화되는 게 낫다는 바람도 있었다. 한진중공업을 비난하면서 희망버스에도 반대하던 김형오 의원의 애매한 태도는 지역 구민의 이 엇갈리는 이해에서 비롯된 것이리라.

트위터와 희망버스

희망버스의 아이디어는 송경동 시인에게서 나왔다. 삶과 시의 경계를 허무는 것이 그의 문학이라면, 희망버스야말로 그가 쓴 여느 작품 못지않게 '시적인 사건'이다. 흥미로운 것은 희망버스 기획의 미디어론적 특성이다. 똑같은 85호 크레인에 올랐지만, 김진숙 지도위원에게는 8년 전 김주익 지회장에게는 없었던 게 있었다. 바로 스마트폰이다. 김주익이 그곳에 고립되어 철저한 고독 속에서 결국 목을 매야 했다면, 김진숙은 손에 든 스마트폰으로 바깥세상과 소통을 하며 대중의 지지를 끌어낼 수가 있었다.

게다가 그에게는 김여진이라는 '트친'이 있었다. 대중의 관심을 모으는 배우의 트위터를 통해 85호 크레인 위의 상황은 트위터리언들에게 거의 실시간으로 중계됐다. 미디어 이론가 귄터 안더스Gunther Anders가 냉소적으로 지적한 것처럼, 오늘날 원본만으로는 사건이 되지 못한다. 원본은 매체를 통해 복제가 될 때 비로소 사건이 된다. 그 때문에 김주익의 농성은 '사건'이 되지 못했다. 그가 목숨을 끊었을 때에야 고작 1단짜리 짤막한 기사 속에 존재할 수 있었다. 대중매체의 시대에 사건을 '사건'으로 존재하게 하는 것은 '복제(가령 리트윗)'다.

언론의 침묵 속에서 적어도 트위터에서만은 김진숙의 크레인 투쟁이 뜨거운 이슈가 될 수 있었다. 하지만 SNS에서 이루어지는 소통은 어디까지나 가상현실에 속한다. 현실에 나오지 않는 이상, 그것의 영향력은 제한적일 수밖에 없다. 문제는 SNS 속의 여론을 어떻게 현실의 물리력으로 바꾸어내느냐 하는 것이다. 희망버스는 시간적, 공간적으로 서로 떨어진 대중을 영도조선소 앞으로 결집시켜냈다. 그런 의미에서 희망버스는 온라인 SNS의 네트워크를 전통적인 오프라인의 투쟁방식으로 전화轉化시킨 최초의 전범이라 할 수 있다.

스마트폰과 재매개

미디어 이론에 '재매개remediation'라는 개념이 있다. 한 미디어가 다른 미디어의 전략을 차용하는 현상을 가리키는 말이다.

가령 뉴미디어는 처음에 올드미디어의 전략을 차용한다. 그러다가 시간이 지나면 모방에서 벗어나 자기 고유의 전략을 갖게 된다. 그때쯤이면 거꾸로 올드미디어가 외려 뉴미디어의 전략을 차용하는 역전현상이 일어나게 된다. 사진이 처음에 등장했을 때에는 회화의 전략을 차용했다. 하지만 사진이 자신의 전략을 갖게 되자, 그때부터 회화가 외려 사진의 전략을 베끼기 시작했다.

오프라인의 전통적 노동운동은 '희망버스'라는 아날로그 운송수단을 통해 디지털의 네트워크로 묶인 대중을 현실의 공간 속으로 불러내는 데에 성공했다. 전통적인 노동운동은 조직organization의 운동, 즉 한 작업장(장소의 일치)에서 같은 작업라인(시간의 일치)에 따라 일하는 노동자들의 조직력과 단결력을 바탕으로 한 운동이었다. 반면, SNS의 운동(?)은 각각 장소와 시간을 달리하는 대중들의 느슨한 망network이다. 희망버스는 이 디지털의 전략을 재매개함으로써 가상현실에 갇혀 있던 네트워크를 성공적으로 물질화해낸 것이다.

뒤집어 생각하면, SNS(뉴미디어)의 운동이 현장지원이라는 조직(올드미디어)의 투쟁을 재매개했다고 할 수도 있을 게다. 김진숙과 김여진이 '트친'이 된 것은 조직과 네트워크의 이 행복한 결합을 상징한다. SNS는 85호 크레인을 방문한 김여진을 통해 육중한 현실로 나아가는 통로를 마련했고, 노동운동은 스마트폰을 손에 든 김진숙을 통해 SNS라는 가상세계의 수많은 거주민을 만날 수 있었다. 김여진이 현장에 오지 않

았거나, 김진숙이 스마트폰을 활용하지 않았다면, 한진중공업 사태는 '사건'이 될 수 없었을 것이다.

혼합현실

물론 그보다 중요한 것은 역시 디지털 대중의 자발성이다. 과거의 대중은 매체가 제공하는 정보의 수용자에 불과했으나, 오늘날의 대중은 외려 매체에 정보를 제공하는 송신자로 변했다. 매체의 수가 폭발적으로 증가한 오늘날, 기사는 그 자체만으로 기사가 될 수 없다. 대중들이 링크를 걸어 리트윗을 해줘야 비로소 기사는 '사회적으로' 존재하게 된다. 오늘날 대중은 댓글과 멘션과 리트윗을 통해 자신들이 사회적으로 중요하다고 믿는 사건을 기꺼이 '사건'으로 등록시키려 한다. 그런 식으로 한진중공업 사태를 '사건'으로 만들어냈다.

희망버스에서 주목해야 할 것은, 이미 현실reality의 개념이 변화했다는 것이다. 가상이 현실로 나아가고, 현실이 가상으로 들어와 복잡하게 뒤엉키는 혼합현실mixed reality. 이것이 오늘날 우리가 들어 사는 새로운 현실의 정체다. 귄터 안더스는 "사건이 원본보다 복제된 형태로 더 큰 사회적 중요성을 띠는 것"을 빌어먹을 현실이라 성토했으나, 그의 푸념

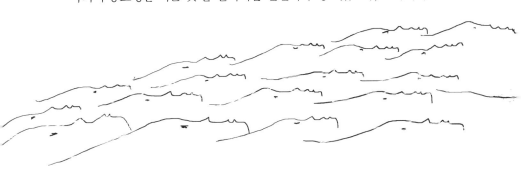

에 아랑곳없이 가상현실과 증강현실이 결합된 혼합현실은 이미 우리의 세계가 되어버렸다. 문제는 바로 그 새로운 현실의 존재론에 적응하고 진화하는 것이다.

3부　　　　　　　　　　　　　　　　　　　　현실과 허구

현실이 끊임없이 요동치고 있다. 가상과 현실이 뒤엉키고, 온라인과 오프라인이 뒤섞인다. 상상이 사실이 되고, 사실이라 믿었던 것은 상상으로 밝혀진다. 저 사람이 커다란 목소리로 떠드는 이야기는 상상인가 사실인가? 사실과 허구를 냉철하게 판단하지 않으면 누군가가 바라고 조종하는 대로 휩쓸려 흘러가게 될 것이다.

뮈토스와 로고스

―과학 이후의 이야기

좋아하는 노래 중에 나나 무스쿠리Nana Mouskouri의 〈에나스 뮈토스 enas mythos〉가 있다. 우리에게는 이 노래가 "어느 봄날 그대와 나"로 시작하는 패티 김의 번안곡으로 알려져 있다. 제목의 '뮈토스'라는 말에서 신들의 이야기(신화)를 연상할지 모르나, 그리스어에서 그 말은 그저 '이야기'라는 가벼운 의미로 사용된다. 제목의 '에나스'는 부정관사. 따라서 '에나스 뮈토스'는 '어느 이야기', 혹은 '하나의 이야기'를 뜻한다.

뮈토스에서 로고스로

아직 과학이 없었다고 주위에 설명해야 할 현상마저 없었던 것은 아니다. 세계의 창조, 인간의 탄생, 동식물의 기원, 종족의 역사 등. 그뿐인가?

계절의 교체, 기상의 변화, 죽음의 원인 등, 인간이 세계 속에서 살아가기 위해 알아야 할 것은 너무나 많았다. 그때 과학을 대신하여 그 일을 해준 것이 바로 '이야기'이다. 그때 인간들은 세계에 관한 모든 설명을 '이야기' 속에 담아, 그것을 입에서 입으로, 세대에서 세대로 전달했다.

신화와 성서, 전설과 민담이 이야기의 대표적 형태들이다. 한때 이야기는 인간들이 세계를 표상하는 상징형식의 역할을 했다. 이는 당시 인간들이 세계와 '허구적' 관계를 맺었음을 의미한다. 당시에는 과학만이 아니라 기술도 없었다. 이때 기술을 대신한 것이 '주술'이다. 세계를 객관적으로 통제할 수 없자, 인간은 주술을 통해 세계를 주관적으로 정복하려 했던 것이다. 주술 역시 세계를 '허구적'으로 지배하는 방식이라 할 수 있다.

인간이 세계와 현실적 관계를 맺으려 할 때, '철학'이라는 새로운 상징형식이 발생한다. 널리 알려진 것처럼 플라톤은 시인을 그리 좋아하지 않았다. 시가 세계에 관해 진리가 아니라 허구를 말하기 때문이다. 철학의 탄생과 함께 인간의 상징형식은 뮈토스(이야기)에서 로고스(합리성)로 이행하기 시작한다. 물론 이 이행은 결코 쉽지 않았을 게다. 예나 지금이나 인간은 골치 아픈 과학보다 재미있는 서사를 좋아하니까.

허구에서 과학으로

겨울 뒤에 왜 다시 봄이 오는가? 오늘날 우리는 이 현상을 지구의 자전축이 23.5도 기울어 있는 것으로 설명한다. 가령 공전궤도의 한쪽에서는 지구의 북반부가 태양 쪽으로 기울고, 공전궤도의 다른 쪽에서는 북반부가 태양의 바깥으로 기울어진다. 이 기울기에 따라 지구 위에서 태양의 위치가 달라지고, 그것이 단위면적당 지구 위로 쏟아지는 일조량의 차이를 일으킨다. 이것이 계절의 변화를 설명하는 로고스의 방식이다.

뮈토스는 그 현상을 다르게 설명한다. 저승의 신 하데스가 제우스와 데메테르의 딸 페르세포네에게 마음을 빼앗겼다. 그는 제우스의 조언에 따라 그녀를 저승으로 납치한다. 나중에 이 사실을 알게 된 데메테르가 남편에게 항의하지만, 페르세포네는 저승에 머물러야 했다. 지하세계에서 한 번이라도 음식을 먹으면 영원히 그곳에 살아야 하는 게 규칙이었다. 결국 하데스와 데메테르는 페르세포네가 1년에 4개월 동안 저승에서 지내는 것으로 타협한다. 그 기간 동안 데메테르가 슬픔에 빠져 대지를 돌보지 않게 되어 겨울이 찾아온다는 것이다.

역사적으로 뮈토스는 결국 로고스에 자리를 물려주게 된다. 효율성의 측면에서 허구가 과학을 이길 수는 없기 때문이다. 구술문화가 상상력(뮈토스)의 시대였다면, 문자문화는 합리성(로고스)의 시대였다. 로고스가 지배하는 문자문화 속에서 뮈토스는 설 자리를 잃고, 이성을 갖춘 성

인들이 아니라 아직 이성을 갖추지 못한 아이들의 세계로 들어가게 된다. 한마디로 이성의 시대에 뮈토스는 아이들을 위한 이야기, 즉 동화로 전락한다.

로고뮈토스

최근 문자문화가 종언을 고하고 영상문화와 구술문화가 부활하고 있다. 디지털 시대에 텍스트는 비가시의 영역으로 후퇴하고, 그 자리에 이미지와 사운드가 들어선다. 새로 등장한 이 영상과 구술의 문화는 문자문화 이전의 그것들과는 애초에 차원이 다른 것이다. 주목해야 할 것은, 이 2차 영상과 구술의 문화 속에서 선행한 두 개의 상징형식, 즉 뮈토스와 로고스가 하나로 융합되는 경향을 보인다는 점이다.

이를 뭐라 불러야 할까? 뮈토로고스mythologos? 이 표현은 일찍이 아리스토텔레스가 사용한 적이 있다. 그는 이 용어를 사용하여 헤로도토스Herodotos의 신화적 사유를 비판했다. 헤로도토스가 역사를 기술하는 데에 뮈토로고스, 즉 뮈토스에 의존하는 서술을 사용했다는 것이다. 이게 고대의 어법이라면, 근대 이후 '뮈토로고스'는 그와는 다른 의미를 갖게 된다. 오늘날 그것은 신화에 대한 학적 연구, 즉 신화학mythology이 되었다.

어느 경우든 '뮈토로고스'는 신화와 과학이 융합되는 현상과는 거리가 멀다. 그러므로 상상과 이성의 융합으로 이루어진 새로운 사고방식을 차라리 '로고뮈토스logomythos'라 부르자. 첨단의 IT기술로 청동기의 영웅서사를 구현한 컴퓨터게임은 로고뮈토스의 시각적 상징이리라. 더 정확히 말하자면, '로고뮈토스'란 그런 게임을 즐기는 디지털 대중의 머릿속을 지배하고 있는 어떤 정신적 상태의 이름이라 할 수 있다.

황금의 전설

'음모론'이라는 것이 있다. 신세대 논객 한윤형의 말에 따르면, 음모론의 특징은 구멍이 없다는 데에 있단다. 하긴, 인간이 신처럼 전지적 시점을 갖고 있지 않는 한, 이른바 '사실'이라는 것에는 여기저기 구멍이

나 있기 마련이다. 반면, 음모론의 경우는 설명에 구멍이 없다. 미지未知나 무지無知의 부분도 상상력으로 빠짐없이 채워 넣기 때문이다. 그리하여 음모론은 팩트와 픽션이 융합을 이루는 로고뮈토스의 대표적 예가 된다.

인간은 설명되지 않은 빈 곳을 못 참는 모양이다. 가령 중세에 '황금의 전설Legenda Aurea'이라는 문학의 장르가 있었다. 성서에는 예수의 행적이 너무나 간략히 묘사되어 있다. 가령 성가족이 헤롯의 박해를 피해 이집트로 도망갔다는데, 그 여정에선 무슨 일이 있었을까? 중세인들은 이 빈 곳을 채우기 위해 왕성한 상상력으로 예수에 관한 온갖 새로운 전설들을 창작해냈다.

그중의 하나. 이집트로 도망가는 성가족이 지나는 길에 농부가 파종을 하고 있었다. 이때 천사가 나타나 농부에게 "헤롯의 군대가 오거든 본 대로 대답하라"고 말한다. 그 순간, 방금 뿌린 씨가 금방 자라 이삭이 열렸다. 잠시 후 나타난 헤롯의 군대에게 농부는 "그들이 지나갈 때 나는 씨를 뿌리고 있었다"고 말한다. 그러자 군대가 추적을 포기하고 돌아섰다는 것이다. 중세인들은 이 전설을 성경 못지않은 역사적 사실로 받아들였다.

현대의 음모론은 물론 이런 '이야기'와는 다르다. 사태를 인과관계에 따라 철저히 합리적으로 구성하여 제시하기 때문이다.

그렇다고 해서 그 설명이 사태에 대한 객관적 서술, 혹은 과학적 기술인 것도 아니다. 음모론을 이루는 서사의 절반은 픽션, 즉 상상의 산물이기 때문이다. 사태에 대한 유사–과학적 설명이랄까? 따라서 음모론은 과학 '이전'의 이야기와는 다르다. 그것은 과학 '이후'의 이야기라 할 수 있다.

예나 지금이나 대중은 골치 아픈 과학보다 재미있는 서사를 좋아한다. 현대의 이야기, 음모론은 가상과 현실을 중첩시키는 파타피직스 pataphysics의 한 형태일 수 있다. 파타피직스의 본질은 '허구인 줄 알지만 마치 사실인 척해주는 데'에 있다. 하지만 음모론이 이 의제적as if 성격을 넘어 사실의 행세를 할 때, 디지털의 파타피직스는 중세의 '황금의 전설'로 전락하게 된다.

*10

트루맛 쇼
─사실은 만들어진다

"나는 TV에 나오는 맛집이 왜 맛없는지 알고 있다." 2011년 전주영
화제에서 관객상을 받은 〈트루맛 쇼〉는 이런 대사로 시작한다. 이 영화
를 찍기 위해 감독은 직접 일산에 식당을 차렸다. 듣자 하니 식당의 내
부는 '몰카 친화적' 인테리어로 디자인됐다고 한다. 곳곳에 숨은 몰래
카메라는 맛집이 탄생하는 방송의 창세기를 보여준다. 물론 거기에는
방송을 위해 동원된 손님이 음식 맛을 보고 감탄하는 장면도 포함된다.
감독은 말한다. "내가 보여주고 싶은 건 미디어다. '맛'의 프레임으로
본 미디어의 본질이다."

트루먼 쇼

감독의 말대로 〈트루맛 쇼〉는 "〈트루먼 쇼〉의 한국판 리얼리티 버

전"이다. 〈트루먼 쇼〉의 메시지는 우리가 들어 사는 세계란 언론이 만들어낸 가상에 불과하다는 것이다. 영화의 마지막에 세트 밖으로 나가려는 트루먼에게 크리스토프 PD가 말한다. "어차피 세상은 속고 속이는 거야. 거기서 나간다고 뭐가 달라질 것 같아?" 이제까지 그의 삶을 훔쳐봐왔던 세트 밖의 시청자들도 실은 트루먼과 같은 처지라는 얘기다. 〈트루맛 쇼〉는 TV라는 구멍으로 세계를 훔쳐보는 그 시청자들의 '처지'에 관한 이야기다.

'우리가 들어 사는 세계가 실은 미디어가 만들어낸 가상에 불과하다.' 이 유명한 명제는 흔히 보드리야르의 것으로 여겨진다. 워쇼스키 형제Larry Wachowski, Andy Wachowski가 보드리야르에게 보내는 오마주로서 자신들의 영화 〈매트릭스〉에 그의 저서 《시뮬라크르와 시뮬라시옹》을 등장시킨 이후 이 오해는 대중적 넓이를 갖게 됐다. 하지만 사실을 말하자면 그 생각의 저작권은 다른 사람에게 있다. 미디어 철학자 귄터 안더스는 이미 1950년대에 매스미디어가 지배하는 현대를 '팬텀과 매트릭스로서의 세계'라 부른 바 있다.

〈트루먼 쇼〉와 〈매트릭스〉 사이에는 차이가 있다. 가령 〈트루먼 쇼〉에는 아직 세트 너머에 실재가 존재한다. 물론 그 실재에 사는 시청자들 역시—마지막 대사가 암시하는 것처럼—또 다른 세트에 사는 트루먼일지 모른다. 하지만 트루먼이 미디어의 가상에 사로잡힌 그 시청자들의 은유라면, 그들은 언젠가 트루먼처럼 세트 밖으로 나갈 수도 있을 것이다. 하지만 〈매트릭스〉의 상황은 이보다 더 급진적이다. 여기서는 가상 너머의 실재 자체가 다시 가상으로 드러난다. 그로써 가상과 실재의 구별 자체가 의문시된다.

트루맛 쇼

〈트루먼 쇼〉와 〈매트릭스〉의 차이는 귄터 안더스와 장 보드리야르의 차이라고 할 수도 있다. 귄터 안더스는 여전히 미디어의 가상으로부터 인간을 해방시킬 수 있다고 믿는다. 이 계몽주의적 기획에는 '폭로'의 기법이 유용한 수단이 되어줄 것이다. 반면, 보드리야르에게 인간의 해방이란 불가능. 왜냐하면 우리가 '실재'라 부르는 것 자체가 이미 시뮬라시옹, 즉 또 다른 가상의 세계이기 때문이다. 여기서는 '폭로'도 소용이 없어진다. 왜냐하면 폭로해야 할 실재, 실상, 진실 자체가 존재하지 않기 때문이다.

하지만 〈트루맛 쇼〉는 〈트루먼 쇼〉의 포맷에 의존하고 있다. 따라서 거기에는 폭로해야 할 사실이 존재한다. 그 사실이란, 어떤 집이라도 대행사나 기획사에게 돈을 주면 맛집에 선정될 수가 있으며, 맛집에 온 손님들이란 실은 '다음'에 있는 어떤 카페의 회원들이며, 그들이 음식을 먹으며 보이는 반응과 대사란 사실 PD의 지시에 따른 연기에 불과하다는 것 등등이리라. "시청자와 제작자 모두 진짜 리얼한 건 불편해하지." 감독의 이 말 속에서 주목해야 할 것은 "진짜 리얼한 것"이라는 표현이다.

이 대목에서 보드리야르라면 이렇게 물을 것이다. 과연 '진짜 리얼한 것'이란 게 존재하는 것일까? 〈트루맛 쇼〉는 방송 3사를 낚는 데에 성공했다. 낚싯줄에 걸린 물고기들은 퍼덕퍼덕 정색을 하며 '해명'이라는 것을 내놨다. '실제로 그런 일이 있더라도, 그것은 일부 기획사나 대행사의 문제인데, 일부의 문제를 마치 전체의 문제인 양 제시했다', '손님에게 이런저런 연기를 부탁하는 것은 이미 방송의 관행이지, 거기에 대단한 왜곡의 의도가 있는 것은 아니다.' 한마디로, 〈트루맛 쇼〉야말로 사실을 과장했다는 얘기다.

리얼리티 쇼

흥미로운 것은 '리얼리티 쇼'라는 포맷이다. 귄터 안더스는 언론 자체를 일종의 리얼리티 쇼로 봤다. 미디어란 언제나 대중의 관음증과 매체의 노출증의 결합을 통해 작동한다는 얘기다. 〈트루맛 쇼〉의 묘미는 이 리얼리티 쇼의 포맷을 빌렸다는 데에 있을 것이다. 방송사들은 당연히 비열한 '함정 취재'라며 반발을 했다. 감독은 방송에서 '소비자 고발'과 같은 프로그램을 만들 때에 흔히 사용하는 수법을 너희들에게 그대로 돌려준 것뿐이라고 맞받아쳤다. 영화를 보며 관객은 거기서 묘한 통쾌감을 느꼈을 것이다.

역설적이게도 〈트루맛 쇼〉에서 트루먼의 역할을 한 것은 방송사들이었다. 그들은 자기들의 행동을 누가 지켜보는지 모르는 채 늘 해오던 일상을 반복했고, 관객은 뒤늦게 몰래카메라에 찍힌 그들의 행동을 훔쳐보면서 방송의 진면목을, 즉 "진짜 리얼한 것"을 알게 됐다. 그런데 과연 그게 진짜 "진짜 리얼한 것"일까? 〈트루먼 쇼〉에서 세트 안의 트루먼은 사실 세트 밖의 시청자들의 처지를 상징하는 은유였다. 그것을 기억한다면, 〈트루맛 쇼〉에서 가상의 음식점에 속은 방송사는 혹시 그것을 훔쳐보는 관객의 은유가 아닐까?

오늘날 다큐멘터리가 '사실'을 보여준다고 믿는 것은 순진한 사람들뿐일 것이다. 〈트루맛 쇼〉가 맛집 방송의 이면에 감추어진 '사실'을 보여줄지는 모른다. 하지만 그것은 자기 자신도 결국 하나의 허구라는 '사실'은 은폐해버린다. 다큐멘터리 역시 편집을 통해 '극화'를 하며, 전달할 메시지의 '서사'를 창작한다. 가령 '사실을 왜곡하는 방송이 있고, 거기에 속는 시청자가 있다. 권력이 된 방송을 공격하는 것은 위험하나, 고난을 무릅쓰고 진실을 폭로하는 감독이 있다.' 아주 전형적이고 고전적인 다큐멘터리의 영웅서사다.

사실은 만들어지는 것

'가상 너머의 사실, 그 역시 또 다른 가상일 뿐이다.' 이것이 영화 〈매트릭스〉가 던지는 메시지이기도 하다. 과연 '사실'이란 것이 존재하는 것일까? 귄터 안더스에 따르면, '사실fact'이라는 낱말은 라틴어 'factum'에서 유래했다. 그것은 '만들어진'이라는 뜻이다. 결국 '사실'은 '만들어지는 것'이다. 가령 방송은 맛집이라는 '사실'을 만들어냈다. 영화는 그 '사실'이 허구에 불과하다는 '사실'을 만들어냈다. 그러자 방송은 다시 영화가 폭로한 그 '사실'이 감독이 창작해낸 '허구'라는 '사실'을 주장하고 있다.

"〈트루맛 쇼〉가 다소 충격이었나 봐요. 모든 맛집, 음식 소개 프로그램이 보기 싫어졌어요." 어느 팔로워의 멘션이다. 이렇게 말하는 그는 과연 미디어가 만들어낸 세트의 밖으로 나온 것일까? 아니면 그렇게 착각하면서 또 다른 세트 안에 갇혀버린 것일까? 중요한 것은 미디어의 허구를 폭로하는 것 역시 또 다른 미디어라는 점을 잊지 않는 것이다. 사실은 주어지는datum 게 아니라 만들어지는factum 것이다. 맛집은 사실이고, 이 사실이 허구라는 것도 사실이고, 이 사실 역시 다시 허구라는 것도 사실이다.

ps.
〈트루맛 쇼〉를 그저 '폭로' 저널리즘의 관점에서 논하는 것은 실은 영화에게 미안한 일이다.

11

재판이냐 개판이냐
—몽타주의 마술

영화 〈부러진 화살〉을 두고 '영화는 그냥 영화로 보라'고 권하니 반발이 심했다. 영화에서 허구 이상을 기대한 모양이다. 해당 공판기록의 주요 내용을 요약할 테니, 텍스트(공판녹취록)와 이미지(〈부러진 화살〉)가 서로 얼마나 일치하는지 알아서들 판단하시라. 내 요약의 객관성을 의심하는 분들은 김명호 교수의 홈페이지(www.seokgung.org)에 들어가, 그가 올려놓은 기록들을 직접 읽어보기를 권한다.

주관적 정의와 객관적 사법

"판사, 법대로 하세요! 이게 재판입니까? 개판이지." 이 외침이 아마 영화의 주요한 메시지일 게다. 하지만 공판기록에 따르면, "법대로"를 외치면서 재판을 개판으로 만들어놓은 것은 정작 김명호 교수다. 사법부, 문제 많다. 하지만 감독이 그 말을 하기 위해 이 소재를 택했다면, 그건 완전히 번지수를 잘못 찾은 것이다. 공판기록 속 김 교수는 로빈후드보다는 현실에서 망상의 세계로 철수해버린 돈키호테에 가깝다.

수학문제 출제의 오류를 지적한 것 때문에 해고됐다는 김 교수의 주장은 충분히 개연적이다. 실제로도 그랬을 것이라 믿는다. 하지만 법정에서 문제 삼는 것은 해임의 '동기'가 아니라 '근거'다. 대학에서는 그를 해고할 때 사립학교법에 따른 교원임용규정의 특정한 조항을 사용했을 터, 그 '근거'가 타당하면 대학 측의 행위는 적법한 것으로 인정된다. 이게 '사법'이라는 놀이의 규칙이다.

판결문은 김 교수의 학문적 성취는 인정한다. 문제는 다른 데에 있다. 그는 교수로서의 여러 의무를 수행하지 않았고, 어처구니없는 일을 했으며, 평소에 차마 입에 담기 힘든 언사를 남발했다. 해임의 부당성을 주장하려면, 법정에서 자신을 향한 학생과 교수들의 증언을 반박했어야 한다. 하지만 그는 증언의 탄핵을 포기하고 자신의 주관적 철학만 설파했다. "교수는 공부만 잘 가르치면 된다." 그러니 패소는 당연한 일.

재판이냐 개판이냐

석궁 사건 관련 재판은 아예 한 편의 사이코드라마다. 법정에서 자신

현실과 허구 ▪ 85

을 "법학자"로 소개한 김 교수는 독학으로 습득한 법조문을 들이 대며 판사의 재판 진행에 사사건건 시비를 건다. 이게 사법개혁 의 슬로건으로 통하는 "판사, 법대로 하세요!"라는 외침의 실체 다. 법정의 그는 재판의 '실체'에 충실하기보다는 재판의 '절차'를 물고 늘어지며 사법부가 편파적이라는 인상을 심어주기 위한 정치 적 쇼맨십으로 일관한다.

가령 김 교수는 엉뚱하게 피해자의 통화기록을 요구한다. 판사 가 "통화내용을 알 수 있는 것도 아닌데 그걸 왜 요구하느냐"고 묻자, 통신사에는 통화내용도 저장된다고 우긴다. 그의 억지에 못 이긴 판사가 그의 신청을 받아들여 통신사들로 공문을 보낸 다. 거기서 보내온 답변. ①문의하신 전화번호는 우리 회사 게 아 닙니다. ②본사는 고객의 통화내용은 기록하지 않습니다. 이쯤 되면 허무개그가 아닌가?

명백한 증거도 일단은 부인한다. 혈흔 감정 결과를 내놓으면 그 피가 정말 피해자의 것인지 감정을 요청하잔다. "돼지 피"일지도 모 른다나? 짜증이 난 판사 왈, "혈흔이 피해자의 것으로 입증되면, 공 소사실을 인정하겠냐. 그것도 아니지 않냐." 그의 극성에 시달리 던 판사, 차라리 재판부 기피신청을 하라 권한다. 그러자 그건 아니란다. 1심 마지막 두 공판은 본인이 출석을 거부했다. 변호인도 안 나왔다. 이게 '변호인 없이 진행된 재판'의 실체다.

변호인의 방어논리

최후변론에 나타난 변호인의 방어논리는 크게 세 가지다. ① '범행의 결정적 증거인 부러진 화살이 사라졌다.' 하지만 이는 수사기관의 잘못이지 사법부의 실수는 아니다. 게다가 화살만이 범행의 유일한 증거던가? 판결엔 다른 증거가 사용됐다. 가령 석궁으로 발사 연습을 한 것, 회칼을 챙겨간 것, 현장을 사전 답사한 것, 범행 후 "판사를 응징하려 했다"고 외친 점 등. 흉기만 은닉하면 완전범죄가 된다는 말인가?

② '혈흔이 누구의 것인지 밝혀지지 않았다.' 이것도 개그다. 김 교수는 피해자가 자해를 했다고 주장한다. 그렇다면 자해까지 한 사람이 제 몸에 상처를 내고 왜 남의 피(가령 "돼지 피")를 얻어다가 묻힌단 말인가? 바로 이 때문에 법원에서 그 신청을 기각한 것이다. 피해자의 피를 뽑아서 대체 뭘 증명하겠다는 건지. 하지만 그는 아랑곳없이 "법원에서 혈흔 감정을 기각했다!" 얼마나 선동적인가?

③ '피 묻은 옷가지가 누구의 것인지 모른다.' 이게 김 교수 측이 펴는 변론의 수준이다. 그렇다면 박 판사의 몸에 난 상처는? 그 상처도 남의 상처란 말인가? 그들은 왜 와이셔츠에만 혈흔이 안 묻었느냐고 따진다.

그건 김명호 교수한테 물어볼 일. 피해자가 자해를 하면 그렇게 마술적 방식으로 셔츠에 피를 묻힐 수 있었을까? 셔츠는 노모가 빨았다고 한다. 그래서 육안으로 보이진 않지만 거기서도 혈액의 DNA가 검출됐다.

실체와 절차

나머지는 절차에 관한 시비. 가령 석궁과 화살, 회칼, 다다미 등이 영장 없이 압수된 바, 신설된 규정에 따르면 불법하게 수집한 증거이므로 배제되어야 한다나? 그런데 판결문에 따르면, 압수 당시엔 그런 규정이 없었단다. 허무개그. 여기서 변론의 수준을 짐작할 수 있다. 심지어 김 교수는 압수된 석궁이 자신이 들고 간 그 석궁이라는 증거를 대라고 우긴다. 이런 말도 안 되는 억지를 다 받아주다간 재판, 30년 걸려도 안 끝날 게다.

김 교수는 자신의 행위를 사법살인에 대한 '국민저항권의 행사'라 주장했다. 그의 주장은 당시 사회적으로 반향을 일으켜 박찬종과 같은 거물(?)이 변론을 자처하고 나서기도 했다. 무슨 양심수에 대한 사회적 구명운동 비슷한 분위기랄까? 녹취록에는 방청객이 법정에서 야유를 보내다가 감치명령을 받고 끌려나가는 장면이 종종 등장한다. 이런 분위기 속에서 김 교수는 자신을 사법부에 저항하는 정의의 투사로 연출했다. '정의' 대 '사법'의 대립.

문제는 김 교수의 주관적 '정의'가 보편성과 객관성을 얻을 수 없다는 데에 있다. 판결에 불만을 품고 판사에게 위해를 가하는 행위는 '테러'이지 '의거'가 아니다. 재판의 '실체'는 모든 면에서 자기에게 불리하니, 남은 것은 '절차'를 문제 삼는 것. 자기가 독학한 "법대로!" 말도 안 되는 트집을 잡고, 사안과 관련 없는 엉뚱한 요구를 하다가 거절당하면, 사법부가 편파적이라고 요란하게 외치는 국민저항권의 쇼뿐. 그러니 재판이 개판이 될 수밖에.

　결국 이건 재판의 '절차'를 문제 삼아 '실체'를 흐리려는 피고의 정치적 쇼맨십에 잔뜩 짜증이 난 재판부가 다소 신경질적으로 반응한 사건이랄까? 물론 일부 절차상 실수와 법원이 짜증내는 장면을 중심으로 사건을 재구성하면, 거기서 '사법부의 오만함'을 보여줄 수는 있을 게다. 영화는 기술적 의미에선 모두 몽타주montage. 가령 한국 팀이 5:1로 패한 경기도 편집을 통해 1:0 승리로 만들 수 있다. 물론 이 역시 재료 면에선 100% 실화일 게다.

　한 가지 확실한 것은, 영화를 본 관객들이 전하는 석궁 재판의 상황은, 공판녹취록 속에 기록된 그것과 180도로 다르다는 점이다. 영화 자체야 정지영의 작품이니 잘 만들어졌겠지만, 영화를 본 관객들이 내게 영화의 내용을 제대로 전한 것이라면, 이 워너비 '법정실화극'은 진실의 엄청난 왜곡이라 단언한다.

두 종류의 사람이 있다. 믿으면 증거가 보인다는 사람과 증거를 보여줘야 믿겠다는 사람. 그것이 종교의 문제건 이념의 문제건 학문의 문제건, 상대의 견해를 바꿔내는 힘은 통념에 기대서는 나오지 않는다. '우리' 끼리는 믿고 공유하는 문제도, 다른 '우리' 에게는 낯설기 짝이 없는 대상이다. 믿음이라는 벽은 이성과 논리로 두드려야 겨우 균열을 낼 수 있다.

데카르트의 고독
─모든 것을 의심하라

"나는 생각한다. 고로 존재한다cogito, ergo sum." 근대철학의 초석을
놓은 이 유명한 명제를 모르는 이가 있을까? 데카르트는 이른바 '방법
적 회의'를 통해 결코 의심할 수 없는 이 명제에 도달한다. '세상의 모
든 것을 의심하자. 심지어 내가 보고 듣고 아는 모든 것이 실은 악마가
내 두뇌에 일으킨 간교한 속임수일지 모른다고 생각하자. 그럴 때조차
도 내가 생각하는 한 존재한다는 사실만은 결코 의심할 수 없다.'

코기토의 철학

건물을 지을 때 초석부터 놓는 것과 같다고 할까? 데카르트는 이 자명한 명제 위에 확실한 지식의 체계를 세우려 한다. 토대가 튼튼하면 건물이 흔들리지 않는다. 지식의 체계 역시 흔들리지 않으려면 토대가 확실해야 한다. 근대의 모든 사상은 다소간 데카르트에서 유래하는 이 정초주의foundationism의 경향을 갖고 있다. 오늘날에도 학술서적의 제목에 종종 '기초foundation'라는 건축의 은유가 사용되지 않던가.

이 자명한 명제로부터 데카르트는 다른 확실한 지식들을 도출하기 시작한다. 어느 시대에나 주도적 학문이 있기 마련. 17세기에 모든 학문의 이상으로 여겨진 것은 기하학이었다. 기하학에서는 '공리'에서 '정리'를, 거기서 다시 개별 '명제'를 도출해낸다. 이 연역법deduction을 차용하여 데카르트는 이제 확실한 지식의 체계를 구축하기 시작한다. 그의 논증을 거칠게 요약하면 대충 이런 식이다.

내 머리 속에는 '신'의 개념이 들어 있다. 하지만 완전한 것이 불완전한 것에서 나올 수는 없기에, '신'은 내가 만든 개념일 리 없다. 고로 신은 존재한다. 그런데 신의 개념에는 선함이 포함되어 있다. 선하신 그분이 세계의 존재에 대해 나를 기만하겠는가? 고로 세계는 존재한다. 이렇게 그는 자신이 방법적으로 의심한 모든 것을 다시 긍정한다. 물론 회의를 한번 거친 이 지식들은 이제 기하학적 명제만큼 '확실한' 진리의 자격을 획득한다.

확실성에 관하여

우리 눈에 데카르트의 논증은 기괴하다 못해 우스꽝스러워 보인다. 가장 큰 문제는 그가 기하학(이나 수학)과 다른 학문 사이의 본질적 차이를 보지 못한 점이리라. 수학과 기하학의 명제들은 필연적으로 참이다. 그것들은 (가령 '총각은 미혼의 남자'라는 명제처럼) 동어반복에 불과하다. 반면, 다른 학문의 명제들(가령 '지구는 둥글다'는 명제처럼)은 동어반복이 아니다. 따라서 그것들은 필연적으로 참일 수 없고 오류의 가능성을 허용한다.

비트겐슈타인L. Wittgenstein은 데카르트가 기하학의 이상을 추구하는 가운데 '확실하다'는 말의 문법을 오용했다고 지적한다. 가령 이렇게 말해보자. "총각이 결혼하지 않은 남자라는 것은 확실하다." 이상하지 않은가? 총각이 결혼하지 않은 남자라는 것은 당연한 것이지, 확실한 것이 아니다. '확실하다'는 말이 적절하게 사용되는 것은 차라리 이런 경우이리라. "다음 달에 경제위기가 올 것이 확실하다." 이때 그 위기는 물론 안 올 수도 있다.

가령 '원은 둥글다'는 명제는 지식이 아니라 문법에 속한다. 즉 우리가 그 말을 유의미하게 사용할 경우란, 아직 말을 못하는 아이에게 언어를 가르칠 때뿐이다. '원은 둥근 것이 확실하다.' 좀 이상하지 않은가?

한마디로 세계에 대해 수학이나 기하학의 명제만큼 확실한(?) 지식을 추구한다는 것은 불가능하다. 아니, 그것은 논리적으로 난센스다. 이런 식으로 비트겐슈타인은 데카르트의 기획을 해체해버린다.

기본적 확신

비트겐슈타인은 나아가 데카르트의 '방법적 회의'를 공격한다. 과연 데카르트처럼 세계의 모든 것을 의심할 수 있을까? 물론 '아니'다. 비트겐슈타인에 따르면, 우리가 어떤 것을 의심할 수 있으려면 그보다 더 많은 것을 믿어야 한다는 것이다. 세상에 더러 거짓말쟁이가 있어도, 모든 사람이 거짓말쟁이인 세상은 상상하기 힘든 것과 마찬가지다. 즉 대부분의 사람이 참말을 해야 비로소 '거짓말쟁이'도 존재할 수 있다.

아니, 거짓말쟁이 자신도 평소에는 대부분 참말을 하기 때문에 필요할 때에 효과적으로 거짓말을 할 수 있는 게 아닐까? '믿음'과 '의심'의 관계도 이와 마찬가지다. 우리가 뭔가를 의심하려면 다른 대부분의 것을 믿어야 한다. 다시 말하면, 뭔가를 '의심'하는 언어놀이를 할 수 있으려면, 우리는 그보다 훨씬 더 많은 것을 일단 의심 없이 받아들여야 한다. 결국 데카르트는 애초에 가능하지 않은 일을 시도한 셈이다.

우리의 언어놀이를 가능하게 해주는 이 믿음의 세트를 비트겐슈타인은 '기본적 확신basic convictions'이라 부른다. '의심할 수 있으려면 일단 의심하지 말고 믿어야 한다.' 언뜻 듣기에 이는 매우 보수적으로 들린다. 하지만 비트겐슈타인이 말하는 '기본적 확신'이란 (가령 비가 올 때는 비가 온다고 믿는 것처럼) 정말로 기초적인basic 것을 가리킨다. 주위에서 믿으라고 강요하는 얘기들은 무조건 믿으라는 뜻이 아니다.

데카르트를 위한 변명

오늘날 데카르트 철학은 이렇게 만신창이가 되어버렸다. 하지만 중요한 것은 그가 왜 자신의 사유를 이렇게 극단으로까지 몰고 갔는지를 이해하는 것이다. 널리 알려진 것처럼 데카르트의 동시대인들은 여전히 중세적이었다. 그들은 '타율적' 존재여서 진리를 자신의 사유가 아니라 외부의 권위에서 찾으려 했다. 그들에게 진리란 한마디로 국왕이 말하는 것이요, 교회가 말하는 것이요, 부모가 말하는 것이요, 주변에서 말하는 것이었다.

데카르트의 기획은 이 타율적 존재를 스스로 사유하고 행동하는 '자율적' 주체로 바꾸어놓는 데 있었다. 이를 위해 그는 유아론적 고독 속에서 언어의 문법을 거스를 정도로 급진적인 회의를 수행했던 것이다. 물론 그 급진적 회의를 통해 그는 고작 동시대인들과 같은 결론으로 되돌아갔지만(가령 '신은 존재한다'), 적어도 그의 결론은 동시대인들과는 달리 '자율적' 사유와 판단의 결과로 얻은 것이었다.

아직도 어떤 사회에서는 '자율적' 주체가 된다는 것이 거의 모험에 가까운 일. 거기서 사유나 행위의 주체는 '개인'이 아니라 '집단'이다. 집단은 개인에게 믿음을 강조하고, 그의 의심을 처벌한다. 그런 사회에서는 비트겐슈타인이 말한 기본적 확신, 즉 소통이 가능하기 위해 의심 없이 믿어야 할 사실들이 대부분 '기초적' 수준을 훨씬 넘어서곤 한다. 거기에 의심을 표했다가는 소통의 장에서 당장 퇴장당한다.

때로 사회가 강요하는 믿음의 세트가 심지어 언어를 지탱해주는 그 기본적 확신에 배치되는 경우도 있다. 이때 사회적 소통은 종교성을 띠게 된다. 가령 기독교인과 대화하려면 '처녀가 잉태한다'는 것을 의심 없이 믿어줘야 하나, 우리는 '처녀'와 '잉태'가 서로 모순되는 개념임을 잘 안다. 하지만 무염시태無染始胎의 믿음을 받아들이지 않는 자, 교회에서 파문당하듯이, 그것이 아무리 허황된 것이라 하더라도 주변에서 강요하는 믿음을 의심 없이 받아들이기 거부하는 자, 사회적 소통에서 배제당한다.

그런 사회의 사람들은 자기 견해가 주변과 다른 것을 너무나 괴로워한다. 그 고통, 그 고독에서 벗어나려고 그들은 제 머리를 비우고 그 빈자리에 남의 생각들, 즉 주위에 떠도는 통념을 채워넣는다. 21세기라 하나, 이 사회에 데카르트의 이 위대한 고독을 견딜 사람이 과연 얼마나 될까? 그가 저지른 모든 논리적 오류에도 불구하고, 이것이 데카르트를 위대하게 만들어준다.

눈에 뵈는 아무 증거 없어도
―신앙주의에 관하여

유학 시절 알고 지냈던 지인을 베를린에서 만났다. 그녀는 내게 어느 민족종교의 경전을 내민다. 안 받겠다고 한사코 사양해도, 자꾸 내밀며 "그냥 읽어보기만 하라"고 강권한다. 이미 만나자고 할 때부터 목적은 전도에 있었던 모양이다. 2년 뒤에 세계의 종말이 온다느니, 내년에 다시 천연두가 부활할 것이라느니, 계속 이상한 소리를 늘어놓기에 앞으로 다시 만나지 말자며 연을 끊어버렸다. 그 정도면 이미 정상적 소통이 불가능한 상태.

불합리하기 때문에 믿는다

이런 상태에 빠진 사람들과 '논리적' 대화를 하는 것은 아무런 의미

가 없다. 그들은 논리를 초월한 '믿음'을 통해서만 특정한(물론 더 고차의) 진리에 도달할 수 있다고 믿기 때문이다. 이런 입장을 '신앙주의fideism' 라 부른다. 물론 신앙주의가 곧 광신을 의미하는 것은 아니다. 신앙주의는 사실 종교적 심성의 문제이고, 광신은 그 심성을 이성과 어떻게 조합하느냐의 문제이기 때문이다. 광신은 그저 신앙주의의 극단적 형태라 할 수 있다.

"불합리하기 때문에 믿는다Credo quia absurdum." 이 말은 흔히 교부 테르툴리아누스Tertullianus의 것으로 여겨지나, 원래 그가 한 말은 뉘앙스가 사뭇 달랐다. "신의 아들이 죽었다. 그것은 불합리하기 때문에 믿어져야 한다." 이는 '누군가가 믿기 힘든 말을 하더라도 혹시 그것이 진실일지도 모른다고 생각하라'는 아리스토텔레스의 생각을 배경으로 한 발언이었다. 조심스러움을 강조하는 이 발언을 신앙주의의 모토로 줄곧 잘못 인용한 셈이다.

"불합리하기 때문에 믿는다"는 말은 어떤 면에서는 옳다. 신앙이 합리적이라면, 이미 과학이 있는 세상에 따로 종교가 필요하지 않을 거다. 그래서 이 논리는 종종 신도들을 설득하는 데 사용되기도 한다. "믿음은 바라는 것들의 실상이요 보이지 않는 것들의 증거니(《히브리서》, 11:1)." 한마디로 믿음은 절실한 바람에서 나오는 것이므로, 따로 증거가 필요하지는 않다는 얘기다. 여기서는 외려 믿음이 거꾸로 증거가 된다.

어떤 순환논법

"선진들이 이로써 증거를 얻었느니라(《히브리서》, 11:2)." 믿음에서 증거를 얻고, 이는 명백한 순환논법이다. 믿으려면 증거가 있어야 하나, 그 증거는 믿음을 통해서만 얻어진다? 하지만 이 순환의 고리를 돌고 돌수록 믿음은 날로 강화되기 마련이다. 대개 종교는 공동체를 이루고 있어, 그 안에서는 그 순환의 고리 속에 처음 입장하는 데에 필요한 '최초의 증거'에 대한 요구는 제기되지 않는다. 고리를 몇 번 돌다 보면 증거에 대한 욕망은 저절로 충족되고 만다.

문제는 외려 신앙의 공동체 밖에서 이른바 '불신자'를 만날 때에 일어난다. 일상적 어법에서 믿음은 증거로 뒷받침되어야 하나, 신자들은 불신자를 위에서 말한 순환의 고리 속에 집어넣을 최초의 증거를 갖고 있지 않다. 그저 '일단 믿으면 나중에 저절로 그 증거를 보게 될 것'이라 말할 뿐이다. 여기서 일상적 어법과 종교적 어법의 충돌이 발생한다. 이른바 '전도'라는 것의 본질은 불신자를 이 증거 없는 믿음의 상태로 집어넣는 데에 있다.

거리에서 전도자를 만날 때의 불쾌감은 여기서 비롯된다. 그들은 이미 믿음을 통해 '고차원의 진리'를 본 사람들이기에, 내가 펼치는 '논리' 따위에 절대로 설득되지 않는다. 그들에게 '논리'를 통해서 도달할 수 있는 진리란 하찮은 것에 불과하기 때문이다. 그 사람들 눈에 나는 그저 '아직 진리를 보지 못한 자', '자기도 한때는 그랬던 자', 더 나아가서는 '그분을 모르기에 불쌍한 영혼'에 불과할 뿐이다. 이러니 짜증이 나지 않을 수 있겠는가?

증거주의

똑같은 '믿음'이라 해도, 과학적 신념과 종교적 신앙은 다르다. 과학에서는 증거가 있어야 믿고, 종교에서는 믿어야 증거를 본다. 여기서 이른바 '창조과학회'의 시도가 얼마나 가망 없는지 드러난다. 종교적 신앙에 과학적 증거를 제시하려 할 때, 그들은 이미 '믿음'에 관한 과학의 패러다임에 굴복한 셈이다. 현대인의 의식이 과학적 사유에 물들어 있다 보니 그들을 설득하려면 과학적 믿음의 논리에 따를 수밖에 없다고 판단한 모양이다.

창조과학자는 신앙에 증거를 제시하려 하나, 그런 증거란 당연히 존재할 리 없다. 그리하여 그들이 실제로 하는 일은 주로 현대과학의 불완전함을 들춰내는 것. 그들은 그로써 신앙에 증거를 제시했다고 믿을지 모르나, 그것은 명백히 논리적 오류 혹은 비약이다. 현대과학의 불완전함에서 곧바로 종교적 신앙의 올바름이 도출되지는 않기 때문이다. 게다가 굳이 과학적 불완전함을 따지자면 과학적 오류는 성서 속에 훨씬 더 많이 들어 있다.

신앙주의가 반대하는 것이 바로 '증거가 있어야 믿는다'는 원칙. 하지만 창조과학의 발상은 바로 이 증거주의evidentialism 위에 서 있다. 그런 의미에서 창조과학은 종교가 제 성안에 들인 트로이 목마라고 할 수 있다. 차라리 17세기의 철학자, 가령 파스칼B. Pascal이야말로 오늘날의 창조과학자들보다 더 현명하다. 파스칼은 신앙을 정당화하기 위해 외려 증거주의를 공격하기 때문이다. '증거 없이 믿는 게 항상 불합리한 것은 아니다.'

신앙주의

사실을 말하자면 '믿음이 증거에 앞선다'는 말이 틀린 것은 아니다. 우리가 가진 이성이라는 것도 궁극적으로는 믿음 위에 서 있기 때문이다. 가령 수학을 생각해보자. 수학의 명제를 증명하는 데에는 정리가 사용된다. 정리를 증명하는 데에는 공리가 사용된다. 그렇다면 공리의 올바름을 증명하는 데에는 무엇이 사용되는가? 공리는 그 정의상 더 이상, '증명 없이 참인 명제'다. 그것은 증명 없이 믿어야 하며, 그래야 증명이라는 것도 가능해진다.

다른 영역도 마찬가지다. 가령 법을 예로 들어보자. 명령과 조례의 올바름은 법률에 따라 판단하고, 법률의 올바름은 헌법으로 판단한다. 그렇다면 헌법의 올바름은? 그것은 논리적 증명을 요구하지 않는다. 헌법의 진리를 세우는 것은 혁명이요, 전쟁이요, 쿠데타다. 언어도 마

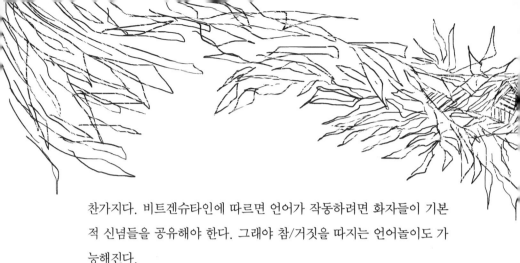

찬가지다. 비트겐슈타인에 따르면 언어가 작동하려면 화자들이 기본적 신념들을 공유해야 한다. 그래야 참/거짓을 따지는 언어놀이도 가능해진다.

수학은 전 인류가, 헌법은 국민 전체가, 그리고 언어의 기본적 신념들은 언어공동체 전체가 공유한다. 그 때문에 증명 없이 참으로 통하는 그 전제들이 이상하게 여겨지지 않는 것이다. 종교의 경우, 일단 한 사회 내에 신자와 불신자가 존재하고, 신자도 여러 종교로 나뉘기에 공리가 서로 공유되지 못한다. 하지만 하나의 신앙공동체 내에서는, 마치 우리가 수학의 공리를 증명 없이 믿듯이, 자신들의 교리를 증거 없이 믿을 것이다.

공리와 명제

어떤 신앙공동체 안에서 '공리'로 통하는 것도 밖으로 나오면 증명해야 할 '명제'가 된다. 가령 '처녀 잉태'는 교회 '안'에서는 증명 없이 참이지만, '밖'에서는 증거를 요구받는다. "그럼 예수의 염색체는 XX냐 XY냐?" 정상적인 종교는 '안'과 '밖', 즉 신앙과 이성 사이에서 적절한 관계를 유지한다. 반면 사이비 종교는 자신을 '밖'으로부터 고립시켜

‘안’으로 자폐하는 경향을 보인다. 여기서 그들이 신앙과 이성의 관계를 어떻게 설정하는지 엿볼 수 있다.

　‘이념’에 대해서도 마찬가지 얘기를 할 수 있을 것이다. 흔히 이른바 좌파공동체 ‘안’에서 증명 없이 참으로 통하는 것이 ‘밖’에서는 증명해야 할 명제가 된다. 공리를 공유하지 않는 이들에게 자기들 공동체 내에서나 통하는 얘기를 믿으라고 강권할 때, 사실상 그들은 광신적인 전도자와 똑같은 일을 하는 셈이다. 대중과 소통하려면 밖에서는 자신의 ‘공리’를 ‘명제’의 지위로 내려놓고, 믿음(이념)과 이성(논리) 사이의 최적의 균형을 찾아야 한다.

*14

오컴의 면도날
—진리는 단순하다

가끔 알려진 사실들에서 알려지지 않은 결론을 추론해야 하는 상황이 있다. '이미 알려진 것'과 '아직 도출해야 할 결론'을 이어줄 사실들이 빠져 있기에, 이 경우 그 '잃어버린 고리'를 둘러싸고 온갖 가설과 억측이 난무하게 된다. 과학은 물론이고, 정치나 사법, 그 밖의 다른 영역에서도 예외라기보다는 차라리 정상적 상황. 이 경우 우리는 동일한 사안에 대해 서로 비슷하게 개연적인, 그러나 가끔 서로 모순되기도 하는 복수의 가설들을 갖게 된다. 그중 어떤 것을 택해야 할까?

인색함의 원칙

이때 사람들은 흔히 '오컴의 면도날Occam's razor'을 얘기한다. 즉 '이론을 구성할 때 불필요한 가설들은 되도록 제거하라'는 격률이다. 이 원칙은 스콜라 철학자 윌리엄 오컴William of Ockham에서 유래한 것으로 알려져 있다. 그의 저서에 나오는 문장이다. "더 적은 수(의 가설)로 할 수 있는 것을 많은 수(의 가설)로 하는 것은 쓸데없는 짓이다." 하지만 동일한 문장이 한 세기 앞선 어느 프란체스코 수사의 저서에 이미 나오는 것으로 보아, 오컴은 이 원칙을 선대로부터 물려받은 것으로 보인다.

19세기에 수학자 윌리엄 로언 해밀턴William Rowan Hamilton이 이 인색함의 원칙lex parsimoniae을 처음으로 오컴의 이름과 결부시키고, 존 스튜어트 밀John Stuart Mill이 이를 인용함으로써 이 원칙은 오늘날과 같은 이름을 갖게 된다. '오컴의 면도날'은 "실체들은 필요 이상으로 증식되어서는 안 된다"는 17세기 요하네스 클라우베르크Johannes Clauberg의 명제와는 구별되어야 한다. 클라우베르크가 현실에서 불필요한 '실체'를 제거한다면, (19세기까지도 사람들은 대기 중에 '에테르'라는 매질이 존재한다고 가정했다.) 오컴은 이론에서 불필요한 '가설'을 제거하려 한다.

'불필요한 가설을 최소한으로 줄여라.' 이 원칙의 효용성을 보여주는 대표적인 예가 바로 코페르니쿠스N. Copernicus의 지동설이다. 당시에 관측이 더욱더 정밀해지면서, 완벽한 원이라 믿었던 행성들의 궤도가 사실상 타원형으로 나타나기 시작했다. 이는 물론 지구가 움직이기 때문에 발생하는 현상이다. 코페르니쿠스는 타원의 수를 되도록 줄이는 방법을 찾다가 결국 지동설에 도달한다. 이를 받아들일 경우 타원의 수가 대폭 줄어들면서 간단하면서도 명료한 천구의 모델이 얻어지기 때문이다.

진리는 왜 단순한가

왜 진리는 단순할까? 이 물음에 대한 최초의 대답은 멀리 고대로 거슬러 올라간다. 아리스토텔레스에 따르면, "자연은 짧은 경로를 선호한다." 따라서 자연에 대한 가설 역시 간단할수록 사실에 부합할 가능성이 크다는 것. 하긴, 우리도 한곳에서 다른 곳으로 갈 때에 되도록 짧은 경로를 선택하지 않던가. 하지만 "자연은 짧은 경로를 선택한다"는 명제는 그저 경험을 통해 얻어진 '가설'일 뿐, 그 자체가 논증을 통해 확증된 진리는 아니다. 실제로 우리도 가끔 어떤 이유에서 길을 돌아가지 않던가.

오컴은 아리스토텔레스를 원용하면서도 "자연은 짧은 경로를 선호한다"는 명제에는 동의하지 않았다. 스콜라 철학 내에서 '자연이 짧은 경로만 취한다'는 명제는 창조주의 능력을 제약하는 것으로 여겨졌기 때문이다. 그리하여 오컴은 이 원칙을 자연이 아니라 이론에만 적용시켰다. 즉 자연 자체가 반드시 단순하게 만들어진 것은 아니지만, 사유를 위해서는 되도록 간단한 가설을 선택하는 게 낫다는 것이다. 한마디로, 아리스토텔레스가 '존재의 법칙'으로 보았던 것을 오컴은 '실용적 규칙'으로 간주한 셈이다.

하지만 이처럼 면도날을 존재가 아니라 사유에만 들이댈 경우, 대답하기 힘든 한 가지 문제가 발생하게 된다. 존재가 복잡하다면, 왜 그것에 관한 사유가 반드시 단순한 경로를 취해야 하는가? 현실이 복잡하다면, 간단한 설명이 꼭 현실에 대한 옳은 설명이라고 할 수는 없을 것이다. 복잡한 상황을 단순화하는 것이야말로 외려 현실에 대해 왜곡된 상이라고 해야 할 것이다. 따라서 '오컴의 면도날'이라는 원칙을 받아들이려면, 먼저 그 효율성을 이론적으로 근거 지어야 할 것이다.

유감스럽게도 오컴의 면도날을 증명하려는 시도들은 곧바로 순환논법에 빠지게 된다. 비순환적 논증으로는 그저 '가설의 수가 적을수록 오류의 확률도 줄어들어 진리에 근접할 가능성이 높다'는 설명 정도가 있을 뿐이다. 그럼에도 불구하고 오컴의 면도날은 아직까지도 과학의 여러 영역에서 발견술적heuristic 원리로 널리 사용된다. 이론은 간단할수록 아름답다. 하지만 미가 반드시 진眞을 함축하는 것은 아니다. 다만 오컴의 면도날을 통해 생산적 결과를 얻는 경우가 종종 있다고는 할 수 있을 게다.

면도날, 신의 목을 베다

'오컴의 면도날'과 관련하여 역사상 가장 통쾌한 예는 아마도 나폴레옹Napoléon과 라플라스P. S. Laplace 사이에 오갔던 대화일 게다. '왜 당신의 이론에는 신이 등장하지 않느냐?'는 황제의 물음에 라플라스는 "내 이론에 신이라는 가설은 필요하지 않다"고 대답한다. 이로써 신은 졸지에 하나의 '가설', 그것도 불필요한 가설로 격하된다. 근대의 철학자들이 여전히 최초의 동작주(신)를 가정했다면, 라플라스는 역사상 최초로 신이 없이도 돌아가는 우주의 상을 제시한 셈이다. 단두대가 왕의 목을 벴다면, 면도날은 신의 목을 벴다.

오늘날의 예를 들어보자. '판스페르미아panspermia'라는 이론이 있다. 지구의 생명이 외계의 운석에 들어 있던 씨앗에서 출발했다는 이론이다. 이를 믿으려면 몇 가지 부가적 가설들을 받아들여야 한다. 가령 ① 지구 근처에 지구와 비슷한 행성이 존재해야 하며, ② 어떤 이유에선지 그 행성의 일부가 떨어져 나와 지구에 도달하되, ③ 대기권을 통과하면서도 불타 없어지지 않았어야 한다. 이렇게 가설의 수를 늘릴 바에는 차라리 생명이 지구에서 발생했다고 말하는 게 나을 게다.

오컴의 면도날은 알게 모르게 일상에서도 널리 사용된다. '흔히 한 번 거짓말을 한 사람은 계속 거짓말을 해야 한다'고 하지 않던가. "진실은 단순한 것이다." 예를 들어 몇 년 전 청문회에서 어느 장관 후보의 부동산 구입 사실이 적발됐다. 그녀는 그 땅을 왜 샀을까? 가장 단순한 설명은 그것이 '시세 차익을 노린 투기'였다는 것이리라. 하지만 그녀의 대답은 신선했다. "자연의 일부인 대지를 사랑했다." 이 설명이 성립하려면 그녀가 평소에 투철한 생태주의자였다는 (대단히 비개연적인) 가설이 추가로 필요할 게다.

검찰의 면도날

곽노현 교육감 사건을 보자. 여기서 '오컴의 면도날'을 쥔 것은 검찰이다. '대가의 약속이 있었고, 대가의 지불이 이루어졌다. 고로 곽 교육감은 유죄다.' 이 얼마나 단순하고도 명쾌한 설명인가? 하지만 거기서 곧 곽 교육감이 유죄라는 결론이 나오는 것은 아니다. '진실은 단순하다'는 원칙은 검증되지 않은 가설, 기껏해야 확률론적 타당성만 갖는 준

칙에 불과하기 때문이다. 실제로 곽 교육감의 옹호자들은 "단순한 것이 곧 진실은 아니"라고 말한다. 맞는 말이다. 실제로 진실은 때로 매우 복잡하다.

하지만 복잡한 진실을 남에게 납득시킨다는 것은 어려운 일이다. 해명의 스토리가 길어질수록 남에게 입증해야 할 사실도 늘어나니까. 의심에 절어 있는 한국의 도마Thomas들에게 그 모든 사실을 다 어떻게 납득시키겠는가? 그의 "선의"가 진실이라면, 곽 교육감 본인은 정말 답답할 게다. 그나마 다행스러운 것은, 이 게임에서 입증의 책임은 곽 교육감이 아니라 검찰에게 돌아간다는 것이다. 하지만 진실은 역시 단순한 것일 가능성이 더 크다.

고르기아스와 소크라테스
―수사와 진리의 싸움

15[*]

오늘날 '수사학'이라고 하면 거의 경멸어로 여겨지나, 고대에 수사학은 자유시민이 갖추어야 할 교양의 하나였다. "인간은 정치적 동물"이라는 아리스토텔레스의 말은 '폴리스polis의 일원이 되어 정치에 참여해야 비로소 진정한 의미의 인간이 될 수 있다'는 것을 뜻했다. 적어도 민주주의 사회에서 정치라는 것은 결국 다수의 지지를 획득하는 일이다. 그러려면 먼저 대중을 설득할 필요가 있었다. 수사학은 바로 거기에 사용되는 기술이었다. 정치를 통해서 인격이 완성된다고 믿는 사회에서 수사학은 심지어 인문교양이었다.

고르기아스와 소크라테스

당시엔 법정에서도 이해당사자가 배심원들 앞에서 직접 말로 승부를 가렸기에, 공적 생활만이 아니라 사적인 영역을 위해서도 수사학은 매우 중요했다. 철학사에서 '소피스트'라 불리는 이들은 대부분 이렇게 대중에게 설득의 기술을 가르치는 사람들이었다. 널리 알려진 것처럼 철학자들, 특히 플라톤은 이들을 별로 좋아하지 않았다. 오늘날 소피스트가 아예 '궤변론자'와 동의어가 된 것은 이와 관련이 있다. 철학과 수사학의 갈등을 보여주는 플라톤의 《대화편》이 있다. 바로 〈고르기아스Gorgias〉 편이다.

고르기아스는 오늘날로 말하면 '논객'. 그는 감히 소크라테스 앞에서 자신의 말재주를 자랑하기 시작한다. 언젠가 수술을 받지 않으면 목숨이 위험한데도 한사코 몸에 칼을 대는 것을 거부하는 환자가 있었단다. 의사도 그의 고집을 꺾지 못해 설득을 포기하고 말았는데, 자신이 나서서 몇 마디 말로 그를 설득해 결국 수술을 받게 했다고. 그러니 만약 시의 대표를 뽑는 민회가 열려 의사와 자신이 출마하면, 사람들이 과연 누구를 선출하겠느냐는 것. 물론 이 자화자찬이 노회한 소크라테스에게 통할 리 없다.

소크라테스의 반론, 간단하고 명료하다. 가령 수학자는 증명으로 다른 학자들을 설득하고, 의사는 전문적인 의학적 지식으로 환자들을 설득한다. 하지만 고르기아스여, 의학과 관련하여 그대에게 '에피스테메 epistēmē', 즉 참된 지식이 있는가? 물론 떠돌이 논객에게 그런 게 있을 리 없다. 하지만 그대는 환자를 설득하는 데에 성공했다. 하지만 참된 지식을 가지고 그를 설득한 것은 아니다. 한마디로 그대는 진리 없이 설득만 했다. 하지만 누군가를 진리 없이 설득하는 것만큼 위험한 일이 다시 있겠는가?

에피스테메와 레토릭

플라톤이야 대중은 억견臆見에 휩쓸리기 쉬운 존재라 보았다. 고르기아스가 자랑하는 대로, 정말 민회에서 참된 지식 없이 설득의 기술만 가진 자들이 뽑힌다면, 과연 나라 꼴이 뭐가 되겠는가? 플라톤이 민주정을 회의했던 것은 이 때문이었다. 이게 어디 고대에만 적용되는 얘기겠는가? 독일과 같은 나라는 진리 없는 설득으로 커다란 역사적 오류를 범해야 했다. 흔히 생각하는 것과 달리 나치는 철저히 민주주의적인 방식으로 집권했다. 그리고 선전선동을 통해 대중을 설득해 자기들 편으로 만들었다.

한편, 〈고르기아스〉 편에서 주목해야 할 또 다른 대목이 있다. 아무튼 고르기아스는 의사도 설득하지 못한 환자를 설득했고, 결국 그의 목숨을 구하는 데에 성공했다. 그의 말이 사실이라면, 왜 그를 비난해야 할까? 문제가 있다면, 차라리 참된 지식을 가지고도 환자를 설득하지 못한 의사의 무능에서 찾아야 하지 않을까? 혹은 이렇게 얘기할 수는 없을까? '고르기아스는 수사학적 능력으로 환자를 설득했고, 의사는 의학적 지식으로 환자를 수술했다. 둘의 협력을 통해 환자는 목숨을 구했다. Good job.'

여기에는 두 극단이 존재한다. 하나는 설득력이 없는 '에피스테메', 다른 하나는 진정성이 없는 '레토릭rhetoric'이다. 1930년대 독일 사회는 진리에서 동떨어진 수사학의 광기에 사로잡혀 있었다. 괴벨스P. J. Goebbels로 대표되는 나치의 선전선동은 경제위기로 무력감에 빠져 있던 독일의 대중을 완벽하게 사로잡은 반면, 나치의 주장이 허위임을 알고 있었던 지식인들은 나치의 정치적 수사학을 무력하게 바라보며 자신들의 서재에 처박혀 있었다. 나치의 집권은 이처럼 에피스테메와 레토릭의 극단적 분리 속에서 가능했던 것이다.

적절한 수사학

진리가 운전대라면, 레토릭은 동력원이라 할 수 있다. 칸트I. Kant의 말을 패러프레이즈하면, "설득 없는 진리는 공허하고, 진리 없는 설득은 맹목이다." 문제는 그 수사학이 종종 진리와 동떨어져 있다는 데 있다. 수사학이 거의 경멸어로 전락한 오늘날, 정치에서는 여전히 수사학이 난무한다. 중요한 선거를 앞두고 있거나, 중요한 정책결정을 내려야 할 때가 되면, 정치인들은 대중을 제 편으로 만들기 위해 온갖 수사학을 구사하기 마련이다. 그 결과 언론을 통해 수사학의 전쟁이 벌어지게 된다.

수사학의 전쟁 중에서 가장 인상적인 장면. 16대 대통령 선거 때 보수언론과 보수정당은 "노무현 후보의 장인이 빨치산이었다"고 공격했다. 물론 노 후보에게 빨간색을 칠하기 위한 부당한 공격이었다. 연좌제 금지는 이미 우리 사회에 합의된 법 상식이기 때문이다. 보통 사람이라면, '나는 무고하다'고 변명하다가 페이스를 잃었겠지만, 노 후보는 적절한 수사학으로 위기를 외려 기회로 바꾸어놓았다. "그럼 아내를 버리란 말입니까?" 전국의 아내들은 이 한마디에 진한 감동을 먹었다.

논리가 논객의 실력이라면, 수사학은 그의 무기다. 예를 들어 2011년 서울시장 선거 당시 한나라당 홍준표 대표는 박원순 후보를 향해 "청문회 수준의 검증을 하겠다"고 말했다. 물론 그의 말이 왜 적절하지 않은지 구구절절 따져가며 논리적으로 반박할 수도 있었을 것이다. 하지만 그러잖아도 쏟아지는 정보의 홍수에 익사할 것만 같은 시대에 그 긴 얘기를 들어줄 만큼 한가한 대중은 없다. 이 경우 짧은 논리적 방어와 정치적 공격을 동시에 수행하는 게 제격이리라. "한나라식 청문회라면 유영철도 장관이 됐을 것."

과장과 왜곡

수사학의 목적은 사람들을 설득해 특정한 방향으로 움직이게 만드는데에 있다. 논리는 행동으로 이어져야 한다. 때문에 수사학은 두뇌와 신체를 이어주는 고리, 즉 대중의 감정과 정서를 겨냥한다. 그것은 때로는 분노를, 때로는 연민을, 때로는 감동을, 때로는 웃음을 자아낸다. 내 경우에는 웃음을 선호한다. 벤야민이 말한 것처럼 "때로는 횡격막의 발작이 더 큰 진리를 전해주"기 때문이다. 이렇게 감정을 자극해 행동하게 만든다는 점에서 수사학은 선정적煽情的이며 선동적煽動的이다.

그렇기 때문에 수사학은 매우 위험한 무기이기도 하다. 가령 수사학은 논리학이 아니기에 거기에는 과장(이른바 '수사적 과장')이 있기 마련이다. 방금 위에 든 예에도 과장은 존재한다(아무리 한나라당이더라도 설마 연쇄살인범을 장관으로 임명하겠는가). 하지만 이는 과거에 청문회에서 제 후보자의 온갖 의혹을 다 덮어주던 한나라당의 행태를 부각시키기 위한 문학적 장치지, 글자 그대로 그들이 흉악범을 옹호한다는 뜻은 아니리라. 대중도 그것을 알기에 그 말에 경악하지 않고 웃는 것이리라.

수사학은 감정의 선을 건드리기 위해 약간의 과장과 왜곡을 허용한다. 이른바 '정치적 올바름'에서 약간 벗어나는 것도 허용된다. 운전에 비유하자면 주행을 하다가 살짝살짝 상대편 차선을 밟는 것과 같다고 할까? 하지만 그 어떤 경우에도 수사학이 논리의 차선을 벗어나서는 안 된다. 그 경우 수사학은 가령 괴벨스의 그것처럼 아주 고약한 선전선동으로 전락하고 말 것이다. 다시 운전에 비유하자면 가끔 논리의 차선을 벗어나더라도 수사학은 결코 중앙선을 넘어서는 안 된다.

수사학의 전쟁
—보수와 진보의 수사학

"여러분이 내가 애국적이고 성실한 인물이라 생각하고 내게 투표했다면, 이제 내가 여러분에게 해를 끼치고 있다고 비난하는 것은 공정하지 못하다. 나는 예전과 조금도 변한 것이 없다. 변한 것은 여러분이다 (…) 적의 공격은 용기를 갖고 견디어야 한다. 신의 공격은 체념으로써 참아야 한다." 이 말로써 페리클레스Perikles는 위기에 처한 아테네 민중의 불만을 잠재우고 도시 방위에 주력할 수 있었다. 수사학은 원래 이런 것이었다.

경멸어가 된 수사학

수사학이 오늘날 경멸어가 된 것은 근대의 과학주의와 관련이 있을

게다. 과학에서 수사학은 불필요
한 장식일 뿐이다. 물론 문체가 필요한
경우도 있으나, 일반적으로 문체는 학문의 본
질과는 무관하다. 훌륭한 문체를 가져야 훌륭한 학자
가 되는 것은 아니잖은가. 근대의 정치도 수사학을 경멸어
로 만드는 데에 한몫했다. 정치는 사람의 마음을 움직이는 기술이
기에, 예나 지금이나 정치가들은 늘 수사를 남발한다. 하지만 우리는 그
들이 늘어놓는 수사가 얼마나 공허한지 너무나 잘 안다.

하지만 '공허하다'고 효과가 없는 것은 아니다. 상품을 선전하는 광
고를 글자 그대로 믿는 사람은 없겠지만, 그렇다고 광고가 효과가 없는
것은 아니잖은가. 마찬가지로 오늘날 정치인이나 이데올로그들의 말을
곧이곧대로 믿는 사람은 없지만, 그들의 수사학이 효과가 없는 것은 아
니다. 오늘날에도 수사학은 여전히 사람들의 마음을 움직여 사회를 지
배하고 있다. 여기서 마르크스K. Marx의 유명한 말을 패러프레이즈하자
면, '한 사회의 지배적 수사학은 지배계급의 수사학'일 것이다.

《보수는 어떻게 지배하는가》라는 책에서 앨버트 허시먼Albert O.
Hirschman은 보수주의의 수사학을 분석한다. "지난 200년을 지배해온 반
동의 수사학"은 크게 세 가지 가치를 표적으로 삼아왔다. 첫째는 법 앞
에서 '자유', 즉 법으로 보장되는 인권과 신분의 평등이라는 가치, 둘째
는 정치에서 '민주', 즉 대중의 보편적 참정권이라는 가치, 셋째는 경제

에서 '복지', 즉 사회적 안전망이
라는 제도다. 허시먼에 따르면,
보수주의는 이 가치들을 무력
화하기 위해 대개 세 종류의
수사를 사용한다.

보수주의의 세 가지 수사학

첫째는 '사회를 개선하려는 시
도는 외려 반대의 결과를 내게 된다'
는 논리다. 가령 '자유, 평등, 박애'를
내세웠던 프랑스혁명은 결국 공포정치
로 귀결되었다. 또 농민이나 노동자들에게
참정권을 줄 경우, 농장주나 공장주가 무식한
그들의 표를 매수함으로써 결국 과두정을 더 강화할
것이다. 나아가 빈민을 돕겠다는 선한 의지에서 도입된
복지제도는 빈자들의 의존성만 강화하여 그들을 영원히 빈곤에
잡아두게 될 것이다. 이런 논법을 허시먼은 '역효과 명제'라 부
른다.

둘째는 '그래 봤자 기존 체제는 바뀌지 않을 것'이라는 논
리다. 토크빌A. de Tocqueville에 따르면, 프랑스

혁명으로 도입된 긍정적 가치들은 실은 대부분 앙시앙 레짐Ancien Régime 시절에 이미 존재했다. 한마디로 굳이 혁명을 할 필요는 없었다는 얘기다. 파레토V. Pareto에 따르면, 민주주의 사회에서도 통치는 결국 엘리트가 하게 되어 있고, 조지 스티글러George J. Stigler에 따르면, 복지제도는 부자와 빈자의 세금으로 결국 정치적으로 자기 목소리를 낼 줄 아는 중산층만을 배불리 할 뿐이다. 이런 논법을 허시먼은 '무용론 명제'라 부른다.

셋째는 '그렇게 하면 자유와 민주가 위험해질 것'이라는 논리다. 보편선거권이 도입됐을 때, 보수주의자들은 다수의 지배가 소수의 기본적 자유, 즉 재산권을 위협할 것이라 주장했다. 복지제도가 도입되자, 하이예크F. Hayek와 같은 보수주의자들은 복지가 자유와 민주라는 기본 가치를 침해할 것이라 주장했다. 복지가 없는 우리에게 익숙한 주장은 그보다 앞서 나온 주장, 즉 복지가 그동안의 눈부신 경제성장을 위험에 빠뜨릴 것이라는 주장일 것이다. 이런 것을 '위험 명제'라 부른다.

진보의 수사학

보수주의 수사학은 이렇게 근대 시민혁명과 노동운동의 성취를 무력화하려 한다. 주목할 만한 것은 이들의 냉소적 어법. 보수주의자들도 노골적으로 반동적 수사를 구사하지는 않는다. 이미 인류 보편의 것이 된 가치를 함부로 부정할 수는 없잖은가. 그래서 그들은 그 가치들의 존재와, 그것을 실천하는 이들의 선의를 기꺼이 인정한다. 다만 그 선의가 늘 바람직한 결과를 낳으리라 믿는 것은 세상을 모르는 순진한 생각이라 말할 뿐이다. 이런 식으로 그들은 스스로 현자의 반열에 오른다.

사실 진보주의자들도 즐겨 보수주의 수사학을―물론 물구나무 세워―사용한다. 가령 보수주의자들이 "그렇게 행동하면 위험해질 것"이라고 말할 때, 진보주의자들은 "지금 행동하지 않으면 위험해질 것"이라 말한다. 보수주의자들이 "혁명을 해봤자 소용이 없다"고 말할 때, 진보주의자들은 "진보는 필연이기에 거기에 저항해봤자 소용이 없다"고 말한다. 보수주의자들이 "개혁은 항상 역효과를 낳는다"고 말할 때, 진보주의자들은 "개혁은 항상 상승효과를 낳는다"고 말한다.

진보와 보수가 소통이 안 되는 이유가 여기에 있다. 진보와 보수의 담론을 이 두 가지 "극단적이고 비타협적인 자세"로부터 구하는 길은 없을까? 여기서 앨버트 허시먼은 보수주의 수사학을 대체할 두 가지 대안적 자세를 제시한다. 하나는 '행동하는 것과 행동하지 않는 것 모두에 위험이 있으니, 양쪽의 위험을 정확히 검토하고 평가하고 대비하자'는 것이다. 둘째는 '보수든, 진보든, 그들이 말하는 최악의 사태라는 것이 항상 확실히 오는 것은 아니라는 사실을 기억하자'는 것이다.

한국 좌파의 수사학

한국의 좌파 역시 보수주의 수사학의 프레임을 즐겨 사용한다. 가령 한국의 이른바 정통 좌파는 '자유'를 우습게 보는 경향이 있다. 자본주의하에서 '자유'란 기업을 위한 영업의 자유, 입 달린 중산층을 위한 표현의 자유를 의미할 뿐, 인민의 삶과는 별 관계가 없다는 것이다('무용론'). 그들은 '민주'도 상대화하곤 한다. 자본주의하의 민주주의란 결국 금권정치일 수밖에 없다는 것이다('무용론'). 목소리 높여 민주를 외치던 이들이 아무 무리 없이 프롤레타리아 '독재'에 관한 담론으로 이행하는 것은 그 때문이다.

더 흥미로운 것은 '복지'를 공격하는 정통 좌파의 수사학이다. 그들에 따르면, 유럽식 사민주의를 도입한다고 하여 자본주의의 모순이 해결되는 것은 아니다. 외려 자본주의를 견디기 쉬운 것으로 만들어줌으로써 체제의 극복을 더디게 할 뿐이다('역효과론'). 게다가 유럽의 사민주의는 식민지에서 착취한 부로 인해 가능했다. 따라서 식민지 기반이 없는 한국에서 유럽식 복지를 도입하려는 시도는 가망이 없다('무용론'). 따라서 개량주의 노선은 사회주의라는 이상 자체를 위험에 빠뜨릴 것이다('위험론').

적어도 보수주의자들은 자신들이 늘어놓는 얘기가 한갓 '수사'에 불과함을 의식한다. 거기에서 특유의 냉소주의가 나온다(물론 한국의 보수는 그냥 제정신이 아니다). 반면 진보주의자들은 특유의 진지함 속에서 자신의 수사를 '사실'로 믿어버린다. 한때 사람들을 설득하기 위해 쓴 수사적 과장이 어느새 신념으로 굳어버린 것이다. 누가 수사학을 '공허하다'고 했는가? 설령 공허할지라도, 그 공허함 안에 사람이 갇힐 수 있다. 그때쯤 되면 사람이 말을 하는 게 아니라, 하이데거의 표현을 빌리면, "말이 말을 한다Die Sprache spricht."

당신은 국가주의자인가? 민족주의자인가? 페미니스트인가? 주체사상파인가? 신자유주의자인가? 민주주의자인가? 사람에게 색깔을 입히고 딱지를 붙이는 일이 비일비재하다. 빨간색이건 무지갯빛이건 간에, 중요한 것은 스스로 정체성을 확립하고, 자신이 뱉은 말과 벌인 행동에 책임을 지는 일이다. 패거리라는 장벽 뒤에 숨는 비겁자는 되지 말아야 한다.

그분이 나를 부른다
— 호명이라는 강박

구약성서 〈출애굽기〉에는 광야에 살던 모세가 신의 부르심을 받는 장면이 나온다. 야훼는 그에게 이스라엘 백성을 이집트 땅에서 해방시키라는 명령을 내린다. 하지만 신의 목소리를 들은 모세는 자신은 언변이 변변치 못하여 말로 파라오를 설득할 자신이 없다고 말한다. 그러자 야훼는 모세에게 언변이 좋은 형 아론을 데려가라고 말한다. 이 이야기에서 흥미로운 것은 야훼가 모세를 이스라엘 민족의 지도자로 '호명'을 하고, 아론을 통해 말주변이 없던 모세에게 '언변'의 능력을 부여한다는 모티브다.

신의 부르심

신의 부르심을 받은 것은 모세만이 아니다. 가령 소년 사무엘은 어느

날 자다가 누군가 자기 이름을 부르는 소리를 듣는다. 소년은 랍비가 부른 줄 알고 옆방의 스승에게 달려가나, 랍비는 소년을 부른 적 없다고 대꾸한다. 같은 일이 몇 차례 반복되자 비로소 랍비는 소년을 부르는 목소리가 야훼의 것임을 깨닫고, 그 부르심에 응답하기 위해 소년과 함께 기도를 올린다. 구약의 선지자들은 모두 신의 부르심을 받았고, 그 부르심을 받아 언술의 주체가 될 수 있었다. 구약성서의 대부분은 이들이 쓴 것이다.

예수는 공생활公生活을 시작하기 전에 광야에서 40일을 보냈다고 한다. 갈릴리 동네에서 평범하게 살던 청년이 갑자기 광야로 나간 데에는 계기가 있었을 것이다. 성서에 특별한 언급이 없으나, 모세처럼 예수 역시 야훼의 목소리를 듣지 않았을까? 광야에서 사탄의 시험을 극복하고 사회로 나간 예수는 더 이상 평범한 목수의 아들이 아니었다. 그는 본질을 꿰뚫는 시각과 직관적인 비유의 능력으로 청중을 구름 떼처럼 몰고 다니는 탁월한 연설가가 되어, 심지어 체제를 위협하는 인물로 여겨지기까지 했다.

시장과 국가의 부르심

중세의 가을이 저물고 종교개혁기에 이르면 신의 '부르심'이라는 모티브의 내용이 급격히 세속화하기 시작한다. 가령 칼뱅J. Calvin의 '직업 소명설'에서 신의 부르심은 더 이상 선지자들의 성스러운 사명이 아니다. 그것은 평범한 사람들의 세속적 활동의 이름이 된다. 우리가 가진 직업 그 자체가 실은 신성한 신의 부르심이라는 얘기다. 'vocare'는 '부르다'라는 뜻을 가진 라틴어 동사로, 여기서 나온 말이 '직업'을 의미하는 'vocation'이다. 널리 알려진 것처럼 이 프로테스탄트 윤리가 훗날 자본주의적 시장경제의 정신적 기둥이 된다.

하나님이 존재한다고 믿지 않는다면, '직업'으로 사람을 부르는 그 주체란 결국 '시장'일 수밖에 없다. 한마디로 직업이란 '자본'의 부르심이다. 변화는 토대에서만 일어난 게 아니다. 가톨릭이라는 보편적 교리 아래 정신적으로는 하나로 통합되어 있었던 유럽은 교회권력이 무너지면서 서서히 여러 개의 민족국가로 나뉘기 시작한다. 근대적 민족국가 형성기에 호명의 주체는 신에서 '국가' 혹은 '민족'으로 변화한다. '신의 부르심'을 대신하여 등장한 '조국의 부르심', 이것이 인간을 행동과 언설의 근대적 '주체'로 만들어준다.

조국의 부르심을 시각적으로 보여주는 예가 있다. 가령 소비에트 혁명기의 어느 포스터에서는 붉은 별이 달린 모자를 쓴 적군赤軍 병사가 포스터 밖의 관객을 손가락으로 가리키며 "당신, 지원했는가?"라고 묻는다. 제2차 세계대전 당시의 미군 징집 포스터에서는 성조기 문양이 그려진 실크햇을 쓴 엉클 샘이 똑같은 제스처로 똑같은 요구를 한다. 흥미롭게도 나치 역시 포스터에 동일한 모티브를 사용했다. 철모를 쓴 독일군 병사가 손가락으로 포스터 밖의 관객을 가리키며 조국이 너를 부른다고 선동한다.

이데올로기의 부르심

이런 것을 알튀세르L. Althusser는 '호명interpellation'이라 부른다. 알튀세르에 따르면, 이데올로기는 아직 형성되지 않은 추상적 개인을 호명하여 그를 '주체'로 만들어준다. 이렇게 한 개인을 주체로 찍어내는 데에는 물론 가정, 학교, 직장, 언론을 포괄하는 '이념적 국가기구'가 관여한다. 개인은 호명에 응하여 주체가 됨으로써 비로소 사회 속에서 생각하고, 발언하고, 행동할 수 있게 된다. 라캉J. Lacan의 거울에 해당한다고 할까? 우리가 거울을 보고 자의식에 도달하듯이, 인간은 이데올로기를 통해 자신의 정체성을 획득한다.

하지만 호명을 통해 만들어지는 자율적 '주체'란 실은 '이념적 국가기구'라는 타율을 통해 만들어진 '객체'에 불과하다. 신이 제 형상대로 인간을 만들듯이, 자본 역시 제 형상대로 인간을 찍어내기 마련이다. 하지만 자본주의의 '이념적 국가기구'는 가치관의 다양성을 허용한다. 그리하여 자본주의 사회도 제 안에, 자신에 반대하는 또 다른 이데올로기의 존재를 묵인한다. 물론 그 이데올로기가 부르주아의 관용을 넘어 체제를 위협할 정도에 이르면, '이념적 국가기구' 대신에 곧바로 '억압적 국가기구'가 출동할 것이다.

어디 국가와 시장만인가? 역사도 우리를 부르고, 민중도 우리를 부르고, 계급도 우리를 부른다. 이렇게 역사와 민중과 계급의 부르심을 받은 이들은 고유의 담론과 독특한 행동의 주체가 된다. 물론 그 어디서든 '소명의식'을 느끼는 것은 문제가 되지 않는다. 어차피 언설이나 행위의 주체가 되려면 이데올로기의 거울이 필요하지 않은가? 문제는 그렇게 이데올로기의 호명을 당한 이들이 보여주는 독선일 게다. 장한 일을 함에도 불구하고 종종 열성적인 투사들이 불편하게 느껴지는 것은 아마 그와 관련이 있을 게다.

호명이라는 환청

'신'이나 '국가'나 '계급'이라는 이념이 없이는 그 장한 일들을 할 수 없는 것일까? 주체가 되기 위해 굳이 특정한 이념의 거울을 통해 자신을 바라봐야 하는가? 우리로 하여금 우리 자신을 담론과 행동의 주체로 만들 수 있게 해주는 다른 길은 존재하지 않는 것일까? 내가 알기로는 푸코가 죽기 직전까지 고민했던 것이 바로 이 문제였다. 말년의 푸코는 근대적 주체가 실은 객체에 불과함을 폭로하는 수준을 넘어, 자아가 스스로 자신을 형성하는 대안적 방법을 모색하기 시작한 것이다. 그 대안으로 그가 제시한 것이 바로 '자아의 테크놀로지'라는 존재미학이다.

정치인들은 왜 출마했느냐는 질문에 종종 "국민이 불러서"라고 대답한다. 문제는, 국민은 그분들을 부른 적이 없다는 데에 있다. 도대체 그들이 들은 것은 무엇일까? 귀신의 목소리? 역사와 민중과 계급의 부르심이라고 이와 다를까? 한 진보신당 당직자는 "진보정당은 이념정당이 되어야 한다"고 말했다. "진보신당은 그 이념을 찾기 위한 오디세우스의 항해를 떠났다. (…) 항해를 마칠 때 우리는 나라를 운영할 이념을 가져야 하며, 이것이 우리가 새로운 진보정당 운동에 나섰던 이유다." 여기에서 우리는 어떤 '강박'을, 말하자면 이념 없이는 곧바로 정체성의 불안에 빠져드는 근대적 주체의 강박을 읽을 수 있다.

이 강박을 풀어주는 데에는 아마 개그맨 전유성의 전설적 퍼포먼스가 제격일 것이다. 언젠가 그가 개그맨 후배들과 함께 해운대로 엠티를 갔다고 한다. 일행이 해변에 닿자, 전유성이 갑자기 멍한 표정으로 바다를 보며 이렇게 말했다고 한다. "애들아, 바다가 나를 부른다." 그 말을 뒤로 한 채 그는 바다를 향해 걸어가더니, 옷을 입은 채로 물속으로 들어가기 시작했다. 물이 목에 차오르는 지점에 이르자 후배들은 혼비백산했다. 순간, 그가 뒤로 돌아 다시 물 밖으로 걸어 나오기 시작했다. 홀딱 젖은 몸으로 돌아온 그가 후배들에게 말하기를, "애들아, 바다가 나 안 불렀대."

18

위대한 계시
─성녀와 마녀 사이에서

〈씨네21〉에서 〈위대한 계시〉가 들어왔다는 기사를 읽은 기억이 나서 인터넷을 검색해 종로의 개봉관을 찾아갔다. 힐데가르트 폰 빙엔 Hildegard von Bingen을 아는 사람이 누가 있을까 생각했는데, 막상 가보니 생각했던 것보다는 관객이 많았다. 연령대가 지긋한 것을 보니 유럽영화 팬이 아니라 가톨릭 신자들인 모양이다. 영화의 내용은 정확히 이 관객분포를 반영하는 듯 이렇다 할 재해석 없이 인물의 전기를 충실히 옮겨놓은 한 편의 종교영화에 가까웠다.

비지오와 열병

힐데가르트 폰 빙엔은 베네딕트 승단의 수녀로, 신학, 의학, 우주론,

음악, 윤리학 등 다양한 영역에 저서를 남긴 중세 유일의 여성 학자다. 그녀는 독일의 어느 귀족 가문에서 열째 아이로 태어났는데, 부모는 그녀가 여덟 살이 되던 해에 당시의 관행에 따라 그녀를 수도원에 맡기고, 그로부터 몇 년 후 수녀 서약을 하게 만든다. 이는 십일조의 원칙에 따른 것이라 하나, 그 조치가 가문정치의 일환이었다는 얘기도 있다.

힐데가르트의 《자서전Vita》에 따르면, 그녀는 세 살 때부터 신비한 체험을 하기 시작한다. "내 생애의 세 번째 해에 나는 내 영혼에 전율을 일으키는 거대한 빛을 보았다." 이를 그녀는 '비지오visio'라 불렀는데, 거기에는 늘 열병이 동반되었다. 그녀는 이를 연상의 친구인 유타에게만 알렸던 모양이다. 하지만 40대 초반인 1141년의 체험은 그러기에는 너무나 강렬했던 모양이다. 흥미로운 것은 이 열병이 무병巫病을 닮았다는 점이다.

"하지만 나는 그것을 듣고도 오랫동안 받아 적기를 거부했다. 회의와 불신, 그리고 사람들 사이에서 말이 나올까 두려웠기 때문이었다. 그것은 아집 때문이 아니라 겸손의 미덕을 따르기 위함이었다. 그러다가 결국 신의 채찍이 내게 떨어져 나는 앓아누워, 온갖 병마에 시달려야 했다. 그러다가 손에 펜을 쥐고 그것을 받아 적어 나갔다. 그랬더니 성스러운 문서의 깊은 의미가 느껴지면서, 힘을 얻어 병에서 벗어날 수 있었다."

그녀의 비지오를 기록한 문서는 당시 수녀들은 물론이고, 교회와 세속에 속하는 모든 이들의 관심을 끌게 된다. 하긴, 숨은 신의 시대에 신의 목소리를 직접 듣는다고 생각해보라. 신의 영매로서 비지오를 기록하는 힐데가르트의 작업은 1147년 공의회에서 아예 교황청의 허락을 얻는다. 이 공식적 인정이 부여해준 카리스마를 활용해, 그녀는 중세 사회가 여성에게 허락하지 않았던 다양한 활동을 펼칠 수 있었다.

중세의 전인

중세라는 극단적으로 가부장적인 시대에 힐데가르트의 존재는 과연 독보적이었다. 중세에 이브의 딸들에게는 신학의 연구가 허용되지 않았다. 하지만 그녀는 신의 목소리를 빙자하여(?) 신학의 여러 문제에 관해 자신의 견해를 발표했다. 금기를 깨고 여성으로서 최초로 대중 앞에서 설교를 하는가 하면, 당시 교회와 세속의 유력인사들과 교류하면서 여성만의 수도원을 건립한 것으로 보아, 정치력도 대단히 뛰어났던 것으로 보인다.

또한 약학에도 재능을 보여, 질병의 원인과 치유를 (오늘날의 뉴에이지 의학처럼) 전체론적 관점에서 설명했다. 만물은 만물과 소통하기에, 인체 치료에 보석을 사용하기도 했고, 육체의 질병을 치료하기 위해서는 먼저 영혼의 치료가 선행되어야 한다고 믿었다. 그녀는 자신의 요법이 마치 신성한 근원을 가진 것처럼 얘기했으나, 사실 그녀의 약학은 문헌을 통해 얻은 고대 그리스-로마 의학에 당시의 민간요법을 종합한 것이었다고 한다.

힐데가르트는 우주론에도 관심을 기울여, 동물과 식물, 천체와 물리의 현상을 설명하기도 했다. 물론 계시를 통한 것이라는 점에서, 그 설명은 자연과학이 아니라 자연신학에 가깝다. 예술적 재능도 넘쳐, 종교적 내용을 담은 시와 노래를 지었고, 일련의 종교극을 연출하기도 했다. 한마디로 중세의 르네상스적 전인, 즉 뛰어난 학자-예술가이자, 자신의 뜻을 관철시킬 줄 아는 정치가, 필요한 후원자를 모을 줄 아는 경영자였던 셈이다.

문제는 이 예외적 재능이 하필 여성의 몸에 들어 있었다는 점이다. 여성에게 제한된 역할만을 요구하던 시대에 그녀는 이 넘쳐나는 재능('끼')을 어떻게 감당할 수 있었을까? 그녀의 '비지오'는 세속적 용어로 학문적, 예술적 영감을 의미할 게다. 문제는 그 영감의 표현이 사회적으로 금지되어 있었다는 것이다. 그녀의 열병은 이와 관련이 있는 게 아닐까? 금지된 욕망이 분출구를 찾지 못하면 신경증이나 히스테리로 발전하지 않던가.

성녀냐 마녀냐

비지오의 정체는 무엇이었을까? 힐데가르트의 체험을 기록한 《스키비아스Scivias》에는 그녀가 계시받는 장면을 묘사한 한 장의 그림이 수록되어 있다. 이 로마네스크풍의 세밀화에는 신이 내리는 '영감'이 가위로 오린 종이띠처럼 묘사되어 있다. 힐데가르트 자신의 말에 따르면, 그녀가 받는 '비지오'는 다섯 개의 감각 모두로 전해졌다고 한다. 비지오의 이 공감각적 성격으로 미루어보아, 뇌의 시냅스가 남달랐던 모양이다.

이 남다름이 중세에는 상당히 위험할 수 있었다. 중세에 탁월한 여성은 성녀, 아니면 마녀가 되어야 했다. 따라서 자신의 탁월함을 주장하는 것은, 제 생명을 확률이 반반인 도박에 걸어놓는 것과 같은 모험이었을 게다. 그녀가 오랫동안 자신의 비지오를 기록하기를 거부한 것, 그리고 비지오가 신성한 근원에서 온 것이라 주장하는 대신에 겸허하게, 조심스럽게 교회에 그 판정을 맡긴 것은 아마 그와 관련이 있을 것이다.

그녀는 당대에 성인으로 통한 성 베르나르Bernard de Clairvaux를 통해 자신의 비지오가 신성한 근원을 갖는다는 사실을 인정받게 된다. "내가 이 말을 하고 그것을 기록하는 것은 나 자신, 혹은 그 밖의 다른 사람의 마음으로 꾸며낸 것이 아니다. 그것은 내가 하늘 높은 곳에서 받은 신의

비밀스러운 신비에서 나온 것이다. 그때 나는 또다시 하늘에서 내려오
는 목소리를 들었다. 그 목소리는 내게 이렇게 말했다. '너의 목소리를
높이고, 그것을 기록하라.'"

주체와 영매

흥미로운 것은 '주체성'의 문제다. 위의 인용문에는 두 개의 '목소
리'가 등장한다. 하나는 "하늘에서 내려오는 목소리", 다른 하나는 힐데
가르트 자신의 목소리, 즉 "너의 목소리"다. 신앙을 가진 이들이야 그녀
의 목소리가 곧 신의 목소리라 믿겠지만, 신의 존재를 믿지 않는 이들은
신의 목소리란 것이 실은 그녀 자신의 목소리라 생각할 것이다. 전자는
이 현상의 신학적 해석이고, 후자는 세속적 해석이다.

여성에게 지적 활동을 허용하지 않던 시대에 여성은 자신의 견해와
주장을 오직 '신의 계시'로 포장할 때에만 비로소 사회적으로 관철시킬
수 있었을 게다. 한마디로 이브의 딸들('여성')은 이브의 아버지(신, 혹은
남성권력)의 부름을 전하는 형식으로만 제 목소리를 낼 수가 있었다. 이
는 곧 여성이 '사회적'으로 존재하려면 (자신을 주장하는) '주체'임을 포기
하고 (자신을 비우는) '영매'가 되어야 하는 것을 의미한다.

물론 힐데가르트가 비지오를 거짓으로 꾸며내지는 않았을 게다. 그
녀도 자신의 체험이 신성한 근원을 갖는다고 진지하게 믿었을 터이다.

하지만 중요한 것은 신학적 교리에 지배당하는 의식의 차원이 아니라,
그 아래에 깔린 무의식에서 벌어진 일이리라. 사실 힐데가르트의 사상
은 철저히 기독교의 남성주의 도덕을 벗어나지 못했다. 하지만 스스로
의식하지 못하는 그녀는 최초의 페미니스트였는지도 모른다.

19

전향의 정치학
—디지털 시대의 볼셰비키들

황석영이나 김지하보다 강도는 훨씬 더 약하지만, 실제로 2000년대에 접어든 박노해의 변신도 일종의 '준準전향'으로 볼 여지가 큽니다. 더욱 더 안타까운 경우지만, 전 진보신당 당원인 진중권 씨의 점차적 전향을 우리가 바로 지금, 그의 각종 사회참여적 발언들을 통해 여실히 잘 지켜볼 수 있는 것입니다. 전향이라는 과정의 연구자 분들께, 트위터와 블로그 글 등을 통해 이루어지는 이 전향의 과정을 심층적으로 고찰해주시기를 부탁드리고 싶습니다.

전향의 과정

박노자 선생이 〈레디앙〉이라는 곳에 쓴 글이다. 이윽고 내가 "전향이

라는 과정의 연구자 분들"에 의해 "심

층적으로 고찰"되는 영광을 안게 될 모양이다. 해방전후

사에나 속하는 줄 알았던 이 단어의 뜻을 사전에서 찾아봤다. "방향전환

의 약어이다. 따라서 정신적인 방향전환이 행동화한 것이라고 볼 수 있

으며, 대체로 공산주의자가 그 주의를 포기하는 경우, 진보적 사상가가

그 이념을 바꾸는 경우 등 사상적인 회심현상을 의미한다."

내 전향 과정의 심층적 연구자를 위해 정보를 제공하자면, 나의 전향
은 이미 20년 전에 일어났다. 1989년 현실사회주의 국가들이 줄줄이 몰
락하는 것을 본 후, 약 1~2년간의 숙고 끝에 공산주의라는 '주의'를 포
기했기 때문이다. 마르크스주의는 "이론의 올바름은 실천으로 검증된
다"고 가르치지 않았던가. 공산주의를 표방하던 국가들의 보편적 몰락
은 공산주의의 이론이 올바르지 못하다는 것의 가장 직접적이며 물질
적인 증거이리라.

그 후로 내 생각은 우리가 1980년대에 '유로코뮤니스트'라 비웃던 서
유럽 사민주의 쪽으로 기울었다. 유학을 통해 동서독 체제를 비교할 기
회를 가졌던 게 계기였다. 트라비Trabi를 타고 연 30일 휴가를 보내는 동
독의 노동자와 폭스바겐Volkswagen을 타고 연 40일 휴가를 보내는 서독
의 노동자. 어느 쪽이 더 사회주의적일까? 당시에 접한 소련-스웨덴의
비교연구도 이른바 사회주의적 가치의 모든 측면에서 외려 스웨덴 사
회가 소련보다 우월함을 보여주었다.

연대냐 전향이냐

이미 10년 전에 진보정당은 사민주의+무정부주의+녹색당(적록흑)의 이념을 바탕으로 해야 한다는 신념을 밝혔고, 그 후로는 이 생각을 바꾼 기억이 나지 않는다. (다만 어떤 이가 내 이름에 붙인 '좌파' 딱지를 '자유주의자'로 갈아 붙여줬던 기억이 난다.) 이 신념 때문에 2002년 서울시장 선거에서는 "될 사람을 찍어주자"던 강준만 교수와 논쟁을 벌였고, 같은 해 대선에서는 "진보정당 찍으면 사표 된다"고 외치던 유시민과 싸우기도 했다.

내 기억이 정확하다면, 박노자 선생은 나의 그런 태도를 대단히 못마땅해했다. 당시 그의 인터뷰를 보자. "노무현을 이기게 한 2~3% 표 중 상당 부분이 민노당 지지자들의 표였을 것입니다. 만약에 민노당의 지지자들이 그런 정치적 지혜를 발휘하지 않았다면 어떤 위험한 일이 벌어졌을지 생각만 해도 끔찍해요." 민노당을 지지하면서도 노무현 후보에게 표를 던진 2~3%의 "정치적 지혜"를 칭찬하는 내용이다.

당시 민노당 후보를 찍어야 한다고 주장했던 나에 대해 박노자는 이렇게 말한다. "제 생각에는 진중권 씨가 한국과 독일을 착각하는 것 같아요. 독일에서는 좌파가 그렇게 행동을 해도 됩니다. 하지만 한국은 아직까지 정치발전에 있어 갈 길이 많이 남아 있고, 극우들이 아직 강한 힘을 가지고 있고, 진보주의자들의 목표는 극우 헤게모니를 해체하는 것이고, 이런 상황에서 이처럼 동지한테 상처를 주는 것은 비생산적이고, 극히 비정상적인 행동이죠."

민주당 권력하에서는 민주당을 견제하는 것이 한나라당을 비판하는 것보다 큰 과제일 게다. 거꾸로 한나라당 권력하에서는 한나라당을 비판하는 것이 민주당을 견제하는 것보다 시급한 과제일 게다. 박노자는 이 상식을 거스른다. 민주당이 집권하던 시절에는 민주당("동지"?)을 비판한다고 "비생산적, 비정상적"이라 비난하더니, 한나라당이 집권한 지금에 와서는 민주당과 연대하여 MB 비판한다고 '전향'을 했단다. 어떻게 이해해야 할까?

이른바 전향자들

'전향자'라 부를 만한 사람들이 물론 있다. 가령 수백의 추종자를 이끌고 집단 전향한 강철 김영환. 김영환의 전향을 윤리적으로 문제 삼을 수는 없다. 적어도 그는 공적으로 자신의 과오를 인정하고 반성했기 때문이다. 그의 문제는 논리적 성격의 것이다. 한마디로 그는 잘못을 '잘못' 반성했다. 그가 반성할 것은 '좌'라는 방향이 아니라 극단성이었다. 하지만 그는 '좌'를 반성한 채 그 극단성을 그대로 가지고 '우'로 갔고, 그 결과 극우가 됐다.

하지만 김지하나 황석영이 '전향'씩이나 했다니 우습지 않은가? 김지하는 애초에 좌익이 아니었다. 그는 사상이 필요하면 아예 자기가 셀

프 메이드("생명 사상")로 만들어 갖는 분이다. 황석영은 어떤가? 그가 북한을 다녀온 것은 넘치는 재능을 주체 못하는 딴따라(부디 용서하시라)의 객기일 뿐, 거기에 무슨 심오한 이념이 있었던 것으로 보이지 않는다. 그가 이명박과 함께 몽골행 비행기에 몸을 실은 것은 '전향'이 아니라 '경솔함'에 불과하다.

박노해는 어떤가? 그가 전향을 했다면, 그 역시 나처럼 사회주의 몰락 이후에 했을 게다. 그런 식이라면 당시에 전향하지 않은 이가 누가 있겠는가? 게다가 공산국가들이 무너지는 것을 버젓이 눈으로 보고도 생각을 바꾸지 않는다면, 그거야말로 외려 자기기만일 게다. 출소 후에 박노해는 나름대로 자기 길을 걸어갔다. 그 길이 맘에 들 수도 있고, 안 들 수도 있겠지만, 개인의 생각 변화에 '전향'이라는 딱지를 붙이는 것은 쓸데없어 보인다.

갈 테면 가라

내게 '전향'이라는 말은 차라리 언어의 고고학에 속한다. 식민지 시

대의 문인, 해방전후사의 지식인, 아무리 늦어도 반공 시대의 간첩에게나 쓰던 골동품인 줄 알았기 때문이다. '전향'이라는 말은, 그 말로 낙인 찍히는 이보다는 차라리 그 말로 낙인찍는 이의 정신세계를 더 잘 보여줄 것이다. 그 감성을 적나라하게 보여주는 유명한 노래가 있다. 〈적기가〉. "비겁한 자야, 갈 테면 가라. 우리들은 붉은 기를 지키리라." 지금이 이런 노래 부를 시대인가?

"전향이라는 과정의 연구자 분들께, 트위터와 블로그 글 등을 통해 이루어지는 이 전향의 과정을 심층적으로 고찰해주시기를 부탁드리고 싶습니다." 한마디로 이 변절자(?)의 행로를 눈으로 똑똑히 지켜보고 역사에 기록해 달라는 당부, 친일인명사전 편찬하듯이 전향인명사전이라도 만들 태세다. 하지만 내게는 '트위터', '블로그'라는 용어와 '전향'이라는 낱말이 한 문장 안에 공존할 수 있다는 사실이 마냥 신기할 따름이다.

디지털 시대의 볼셰비키Bol'sheviki들은 클러치가 풀린 엔진처럼 현실 정치에서는 공회전한다. 이념적으로 가장 급진적(?)이라 주장하는 그룹 일수록 현실정치에서는 아예 존재가 없지 않은가. 이렇게 정치와 클러치가 풀린 상황에서 할 수 있는 유일한 계급적(?) 실천이란, 고작 다른

좌파에게 등급을 매기거나, 애먼 이들에게 '전향'의 딱지를 붙이는 것 뿐. 그걸 통해 정체성 문제를 해결하고 심리적 불안을 해소한다.

혁명적 딱지치기 속에서 정치적 '무능'은 이념적 '순수'의 증거가 되고, 정치적 '고립'은 윤리적 '우월'의 근거가 된다. 아큐 좌파들에게 보내는 인사. "만국의 노동자여, 자위하라!"

*20 부역자
―어설픈 이념의 낙인

국회의사당 앞마당에서 대통령 취임식이 열렸다. 취임식에서 정명훈
은 베토벤 9번 교향곡 4악장 '합창' '환희의 송가' 앞부분과 독창이 등
장하는 부분을 짜깁기해서 지휘를 했다. (…) 정명훈은 음악을 지휘하던
지휘봉을 이명박에게 활짝 웃음 띤 얼굴로 선물한다. 이튿날 대형 기득
권 보수참칭僭稱 종이신문들은 일제히 '대한민국을 잘 지휘하라는 의미
로 지휘봉을 준 것'이라고 해설했다.

《미디어오늘》, 2011년 12월 6일)

이명박의 부역자

　김상수라는 이름의 연출가가 여러 진보매체를 오가며 집요하게 지휘
자 정명훈을 물고 늘어진 적이 있다. 정명훈은 세계적 지휘자가 아닌데
과도한 연봉을 받았다는 것이다. 무지로 점철된 그의 글은 이미 여러 클
래식 애호가의 반박을 받아 한갓 웃음거리가 되고 말았으니, 그 얘기를
굳이 다시 반복할 필요는 없을 것이다. 남은 문제는 그가 정명훈을 물고
늘어지던 그 '정치적' 방식의 고약함에 대한 지적이다.

　김상수의 말을 들어보자. "나치 독일 치하에서 히틀러A. Hitler의 생일
전야제 공연으로 '위대한 독일 민족의 지도자 히틀러'를 찬양하기 위해
동원된 푸르트벵글러W. Furtwängler의 '환희의 노래'와 정명훈이 이명박
취임식에서 지휘한 '환희의 노래'는 어떤 차별성과 유사성을 지니고 있
을까?" 이로써 정명훈은 졸지에 푸르트벵글러와 같은 나치 부역자가
됐다. 이명박이 히틀러처럼 전쟁을 일으켰나, 유태인을 학살했나, 아니
면 헌정을 파괴했나?

　이렇게 그는 정명훈을 졸지에 이명박의 부역자collaborateur로 둔갑시
켰다. 그런데 그가 언급하지 않은 사실이 있다. 김대중 전 대통령이 서
거했을 때, 정명훈은 이례적으로 시향의 연주를 중단하고 관객과 함께
서거한 분을 위해 묵념을 올렸다. 심지어 언젠가 김대중 국민회의 대표
가 신당을 창당할 때 거기에 이름을 올려놓기까지 했다. 우익의 김상수

라면 이를 두고 정명훈은 전라도 빨갱이 정권의 하수인이라 부르지 않을까?

이명박의 하수인

몇 년 전에도 사건이 있었다. 문화부에서 국립오페라합창단을 해체하려 했을 때, 파리에 사는 진보신당 당원 목수정이 마침 파리에 와 있던 정명훈에게 지지를 부탁하러 찾아갔다. 나는 이 계획에 찬성하지 않았던 것으로 기억한다. 시향에서 일하는 누이를 통해 '마에스트로'를 만나는 절차를 알고 있었기 때문이다. 함께 일하는 누이도 웬만한 일은 비서를 통해 처리하고, 꼭 만나야 할 경우 미리 약속을 정해 휴식시간에 잠깐씩 본다.

서명이 필요하면 용지를 비서에게 맡기고 돌아가면 될 일. 하지만 "기왕 온 김에 단 3분이라도 그에게 우리의 육성으로 절박한 현실을 전하고 그의 예술가적 양심에 호소하고 싶었기에", 정명훈이 중요한 식사모임을 갖는 호텔로 찾아가서는 "돈 많은 현대의 귀족들의 충실한 심복 같은 그들"(호텔 직원)의 '나가달라'는 요청도 거절한 채 기다렸다가 그와 직접 대면을 했단다. 때는 새벽 1시. 당연히 좋은 소리 들을 리 없는 상황.

결국 그녀는 마에스트로에게 당연히 험한 얘기만 듣고 만다. "그렇게 불쌍한 사람들 돕고 싶으면 저기 아프리카나 가서 도와줘요. 여기서 그러지 말고", "도대체 제정신을 좀 차리세요. 공부 좀 하란 말이야. 세상이 그런 게 아니야. 이 계집애들이 말이야. 한밤중에 찾아와서", "기도하라고, 기도." 이에 분개한 그녀는 "그에 대한 무한한 경멸"을 담은 눈빛으로 이렇게 쏘아붙였다고 한다. "당신이나 정신 차리세요."

순수-참여 논쟁

이 해프닝에서 그녀가 끌어낸 결론. "그동안 어떻게 저 고매한 예술가가 이명박과 손발이 맞아 수년간 파트너십을 이룰 수 있는지에 대한 의구심이 한 방에 해결되었다." 정명훈이 정치적으로 보수적이고, 인간적으로 거만한지는 모르겠다. 하지만 그렇게 말하는 걸로는 성이 차지 않았나? 기어이 그를 이명박으로 만들어놓는다. "그 사고의 경박함은 이명박, 유인촌과 그가 한 치의 차이도 없는 사람이었다는 것을 깨닫게 해주었다."

오페라합창단과 아무 관계도 없는 사람에게 왜 정치적 입장을 강요해야 할까? 그러자 목수정은 이렇게 대꾸한다. "우린 왜 그럼, 친일 인명사전을 편찬하며, 거기에 홍난파니, 서정주니 하는 이름을 거기에 끼워 넣은 건가? 예술가들은 영혼이 없이, 기예만 뛰어나면 된다니? 그들은 좌로 가든 우로 가든, 자유로운 영혼들이니 아무 데나 가서 줄 서서 하고 싶은 것을 하게 놔둬라? 어디서도 듣도 보도 못한

논리다."

그녀가 그 "논리"를 "어디서도 듣도 보도 못"했다면 그것은 무식하기 때문이다. 그녀가 듣고 본 유일한 논리는 1980년대 운동권에서나 통용되던 1930년대의 '순수 – 참여' 논쟁이리라. 하지만 현대미학에서 예술을 정치와 연결시키는 연구는 보기 드물게 되었으며, 간혹 있다 하더라도 그 관계를 그렇게 무식하게 따지고 들지는 않는다. 여기서 우리가 보는 것은 시대착오, 즉 '좌파' 미학의 문화지체 현상이다.

귀족화한 예술

이 대목에서 박노자 선생이 등장한다. "그런데 지금 (…) 귀족화된 예술인 정명훈을 옹호하는 진중권을, 그 누구도 죽이려 하지 않지 않습니까?" 정명훈 옹호했다가 죽임까지 당할 판이다. 세계적 예술가들은 정명훈만큼은 "귀족화"됐을 텐데, 그들을 다 몰아내야 할까? 이건 거의 프롤렛쿨트Proletkult 수준. 그토록 급진적인 트로츠키L. Trotsky가 왜 10월혁명 직후에 '지금은 부르주아문화의 정수를 보존할 때'라고 말했는지 이해가 된다.

나꼼수 콘서트 기획자 탁현민의 예술인식을 보자. "정명훈의 예술이 어디를 향해 있는지 나는 모른다. 그러나 그의 예술이 세종문화회관을 지나는 저 종종걸음의 대중에게 있지 않음은 나는 알겠다. 마에스트로는 무슨 개뿔. 대체, 고작해야 한 시절 서유럽에서 유행했던 음악을 '클래식'이라고 부르는 조낸 참담한 음악교육. 그렇다면 그 시절 아프리카 가나나 짐바브웨에서 불렸던 음악도 클래식이라고 해야지. 씨바."

한국 '진보'의 예술에 대한 인식이 어쩌다가 이렇게 처참해졌을까? 그렇게 치열하던 1980년대에도 이 정도로 참담하지는 않았다. 심지어 스탈린I. V. Stalin도, 히틀러도 클래식 음악을 이렇게 대접하지는 않았다. 현대음악은 탄압했을지 몰라도, 그들도 클래식만은 키워서 체제선전과 대중교양에 써먹으려 했다. 그런 의미에서 정명훈 사건을 통해 드러난 한국 진보의 예술관은 스탈린이나 히틀러 수준도 못 되고, 그냥 폴 포트 Pol Pot 수준이다.

예술가의 자유

목수정은 이렇게 말했던가? "예술가들은 영혼이 없이, 기예만 뛰어나면 된다니? 그들은 좌로 가든 우로 가든, 자유로운 영혼들이니 아무

데나 가서 줄 서서 하고 싶은 것을 하게 놔둬라?" 정명훈이 평양 가서 그곳의 교향악단과 협연을 했단다. 재미있게도 "영혼이 없이 기예만 뛰어"난 것은 정작 북한 음악의 특성. 물론 예술적 가치 위에 정치적 효과를 올려놓는 그 잘난 사회주의 미학의 결과다.

하지만 연습을 통해 악단의 기예(연주)에 지휘자의 해석(영혼)이 들어가면서 그들의 음악은 놀랄 만큼 좋아졌단다. 연주를 마친 후 정명훈이 예의 싸가지 없는 말투로 북한 지휘자에게 말하기를, "음악에서 가장 중요한 건 자유야, 자유!" 그리고 그것을 모르겠는가? 그 효과를 방금 직접 눈으로 지켜보지 않았던가. 정명훈이 방을 떠나자 그 지휘자, 그 자리에서 눈물을 펑펑 터뜨리며 울었다고 한다.

예술가들은 자유로운 영혼이어야 한다. 어설픈 이념으로 그들을 괴롭히지 말라.

*21

공약의 부담
—말에 따르는 책임

아주 잠깐 채식주의자가 되려고 마음을 먹은 적이 있다. 처음부터 일절 육류를 안 먹을 수는 없고, 일단 채소와 생선만 먹는 것으로 시작했다. 하지만 주변에 '채식주의자'가 되겠노라고 떠들고 다니지는 않았다. 뭔가를 자처하면 그에 합당하게 행동해야 할 의무가 따르기 마련이니까. 이를 윤리학에선 '공약의 부담burden of commitment'이라 부른다. 무슨 '주의'에 헌신commitment하는 것은 멋진 일이나, 그에 따른 '부담burden'을 지는 것은 피곤한 일이다.

남성 페미니스트의 경우

아주 오래전에 어느 대담에서 페미니스트 교수를 만난 적이 있다. 남자가 '페미니스트'를 자처하는 데에는 커다란 용기가 필요하다. 제아무리 투철한 페미니스트라 하더라도, 마초들이 득실거리는 사회에 살다 보면 그 영향으로 정신과 신체의 어느 구석에 여전히 남성우월주의가 남아 있기 마련. 그것은 의식조차 되지 않은 것이기에, 본인이 아무리 조심한다 하더라도 언젠가―무의식적 언행을 통해―표출될 수가 있다.

똑같은 성차별 언사를 했다 하더라도, 대놓고 마초로 행사하는 이와 '페미니스트'를 자처하는 이가 받는 사회적 비난에는 엄청난 차이가 날 수밖에 없다. 가령 한나라당 대표 시절 홍준표 의원이야 "이대 계집애들"이라는 실언을 하고도 대표직을 유지했지만, 그 발언이 평소에 페미니스트를 자처하던 그 교수의 입에서 나왔다면, 아마 그는 곧바로 사회적 매장을 당했을 것이다. 이 사회적 대우의 불평등이 바로 공약에 따르는 부담이다.

여기에는 두 갈래 길이 있다. 하나는 아예 공약을 안 함으로써 부담 자체를 피하는 길이고, 다른 하나는 당당하게 공약을 하고 그에 따른 부담을 용감하게 끌어안는 길이다. 사실 자신이 옳다고 생각하는 대의는 과감하게 선언하고 밀고 나가는 게 좋을 것이다. 하지만 그러다가 뭔가 잘못되기라도 한다면? 그때는 누구보다도 그 대의에 헌신하고도 졸지에 '위선자' 취급을 받게 될 것이다. 과연 어느 쪽을 택해야 할까?

공약과 부담의 사이에서

공약을 안 하는 데에는 분명한 이익이 있다. 예를 들어, 평소에 마초로 여겨지는 사람이 딱 한 번 설거지를 하면 '좋은 남편'이라는 칭찬을 받는다. 하지만 페미니스트를 자처하는 남자가 한 번이라도 설거지를 거른다면 졸지에 '위선자'로 전락하게 된다. 그렇다면 선택은 분명하지 않은가? 설거지 한 번 하고 칭찬받는 것이 한 번 걸렸다고 욕먹는 것보다야 백번 낫다. 그래서 나는 '페미니스트'로 공약하기를 포기했다.

반면, 페미니즘을 공약한 그 교수는 진보적 남성들의 그런 비겁한 태도를 비판한다. 애초에 여성문제에 대한 의식이 없다면 모를까, 대부분의 진보적 남성들은 한국 사회의 성차별주의에 대한 인식이 있다. 그런데도 제 몸 하나 편하고자 '공약'을 포기하는 것은 사실 그 사회적 불평등에 대한 묵인과 다름없다는 것. 하긴, 제 몸 하나 바꿀 의사가 없는 이들이 목소리 높여 다른 불평등을 비판하는 것 역시 위선이다.

어차피 '진보'를 공약하게 되면 어느 쪽으로 가든 위선자가 되기 쉽다. 그렇다면 아예 '진보'임을 공약하기를 포기하는 건 어떨까? 그럼 최소한 '위선자'가 될 위험에서는 벗어날 수 있지 않은가. 하지만 이 경우

당장 떠오르는 것은 이른바 '정체성'의 문제다. 즉 '진보'를 공약해온 사람들은 이제까지 '진보'라는 말로 포괄되는 일련의 가치관으로 자신의 삶에 의미를 주어왔다. 그 사람들은 그것을 포기하면 자신의 삶에 의미를 줄 수 없게 된다.

진보와 보수라는 공약

일반적으로 '진보'는 '보수'보다 더 많은 부담을 진다. 그것은 당연한 일이다. 왜냐하면 진보는 아무래도 사회를 바꾸려는 사람들이 아닌가. 그러다 보니 이것저것 표방하는 가치가 많고, 그에 따르는 부담의 양도 당연히 늘어날 수밖에 없다. 그러니 '왜 우리만 늘 더 많은 도덕적 부담을 지느냐'고 푸념해야 소용없다. 그 부담이 싫으면 그냥 사회개혁의 공약들을 포기하면 된다. 이 경우 그 사람의 정체성은 보수에 가까워질 것이다.

물론 보수라고 마냥 편한 것은 아니다. 보수 역시 하나라도 내거는 대의가 있는 이상, 그에 따른 부담을 질 수밖에 없다. 가령 똑같이 병역기피를 했다 하더라도, 평소에 '국가안보'를 떠들던 사람이라면 더 많은 사회적 비난을 받는다. 그 때문에 한나라당 이회창 후보는 대통령이 될 수가 없었고, 김용갑 의원은 쏟아지는 사회적 비난의 대상이 되었으며, 안상수 대표는 사회적 비난을 넘어 아예 사회적 조롱의 대상이 되어야 했다.

하지만 '병역'을 제외하면 우리 사회에서 보수가 지는 부담은 거의 없다. 예를 들어 가족의 중시, 성도덕의 강조, 노블레스 오블리주noblesse oblige 같은 것은 어느 사회에서나 대표적인 보수적 가치다. 하지만 우리 사회에서는 보수적 정치인은 이런 문제에서는 별로 부담을 지지 않는다. 왜? 그들은 애초에 공약한 적이 없기 때문이다. 공약이 없기에 한국의 보수는 무정형에 가깝다. 한국의 보수에게 '멋'이 없는 것은 이와 관련이 있다.

존재미학으로서 공약

제대로 된 사회라면 진보든, 보수든 자신의 가치관을 공약해야 한다. 진보는 진보대로, 보수는 보수대로, 부담을 지기 싫어 가치관의 공약을 포기한다면 사회 전체는 무정형에 가까워질 것이다. '왜 진보만 도덕을 지켜야 하냐'는 항변은 일견 정당해 보이나, 사실 도덕은 진보만 지키는 게 아니라, 보수도 지켜야 하는 어떤 것이다. 진보마저도 공약하기를 포기한다면, 사회 전체가 달랑 '안보' 하나 내세우는 한국적 보수처럼 무정형이 될 것이다.

삶에 의미를 주려면, 우리는 어떤 식으로든 공약을 해야 한다. 공약을 한다는 것은 그에 따르는 부담 역시 기꺼이 지겠다는 선언이다. 하지만 이를 귀찮은 의무로 바라볼 필요는 없다. 공약을 통해 삶에 의미를 주는 것은 자신을 형성하는 존재미학의 실천이다. 그림을 그릴 때에 화면에서 미적 필연성을 따르면서도 우리가 그것을 제약으로 느끼지 않듯이, 공약의 부담을 지는 것도 자유로운 행위가 될 수 있다.

어떤 주의, 이념, 신앙에 대한 헌신은 삶에 의미와 형태를 주는 데에 반드시 필요하다. 때문에 가끔 지나치게 멋있어지고 싶었던지 쉽게 공약을 남발하는 사람들을 보게 된다. 당연히 그들은 머잖아 대중 앞에 위선자로 드러나고 만다. 따라서 약속은 지킬 수 있는 만큼 하는 게 좋다. 한 인간의 멋은 보이는 데서 공약을 내거는 순간이 아니라, 보이지 않는 곳에서 그에 따르는 부담을 기꺼이 질 때에 발생하기 때문이다.

이 윤리학의 개념을 슬쩍 과학의 영역에도 옮겨놓을 수 있을 것이다. 과학자들 사이에 떠도는 격률이 있다. "약속을 되도록 적게 하라. 그래야 더 많이 지킬 수 있다." 우리는 이 격률과 정반대로 살았던 한 사내를 알고 있다. 그는 자신이 곧 척추 손상으로 휠체어에 앉은 이들을 치료해줄 거라고 약속했다. "주 예수의 이름으로 너희에게 이르노니 일어나 걸으라." 그는 앉은뱅이를 일으켜 세운 사도의 권능을 약속했다.

"과학에는 국경이 없지만 과학자에게는 조국이 있다." 국위 선양의 공약은 결국 국제적 망신으로 되돌아왔다. 이 사기꾼이 몇 년 만에 다시 나타나 또다시 공약을 남발한다. 이번엔 매머드를 복원하겠단다. 매머드를 해동하되 그는 냉동시키자.

6부   익숙한 낯섦

익숙한 것은 편하다. 하지만 익숙함 사이에서의 삶은 쳇바퀴 속 다람쥐처럼 새로움이 없는 반복뿐이다. 그러나 익숙한 것을 한 발자국 떨어져서 낯설게 바라볼 때, 의식하지 못한 것을 의식할 수 있게 된다. 삶과 죽음 같은 가장 기본적 문제마저 차가울 만큼 낯설게 성찰할 수 있다면, 당신은 새로운 사고의 가능성을 만나게 될 것이다.

22

시적 순간
—낯설게 하기

러시아의 형식주의자 빅토르 시클롭스키Viktor B. Shklovsky는 이른바 '낯설게 하기Остранение'를 일상 언어와 구별되는 시적 언어의 특성으로 꼽은 바 있다. 어렵게 생각할 것 없이 시어는 정보를 전달하는 데에 사용되는 일상의 언어와는 다르다. 시는 우리의 일상 언어를 낯선 방식으로 사용한다. 예를 들어 각운이나 두운, 동일한 어구의 반복, 의미론적 혹은 통사론적으로 불합리한 단어의 결합 등을 통해 우리는 어떤 텍스트가 시인지 아닌지 어렵지 않게 구별해낸다.

자동화한 지각의 익숙함

"삼월 달 바다가 꽃이 피지 않아서 서글픈 나비 허리에 새파란 초승

달이 시리다." 김기림의 시 〈바다와 나비〉 속의 한 구절이다. 일상에서 언어를 이렇게 이상하게 사용하는 사람은 없을 것이다. 이것이 시어 특유의 낯설게 하기다. 낯설게 하기는 자동화를 파괴함으로써 낡은 지각의 방식을 변화시킨다. 나비가 바다에 내려앉으려다 날개만 물에 적시고 다시 날아오르는, 어떻게 보면 별것 아닌 일상의 사건을 시인은 이렇게 색다르게 체험하게 해준다.

시가 언어를 낯설게 만드는 것은 이른바 일상 언어의 '자동화'를 파기하기 위해서다. 일상의 소통에서 언어 자체는 투명해진다. 그때 우리는 언어의 존재를 의식하지 못하고 그 안에 실린 정보에만 주목하게 된다. 일상 언어를 통한 소통은 이렇게 '자동화'되어 있다. 시는 이 자동화를 파괴한다. 가령 이상의 시의 제목이 '조감도'였다면, 그 낱말은 투명해졌을 것이다. 제목이 한자의 획 하나를 뺀 〈오감도〉이기에 우리는 그 낱말 자체에 주목하게 되는 것이다.

물론 이 낯설게 하기도 일상 언어에 받아들여지면 곧 자동화되어 더이상 새롭게 느껴지지 않는다. 예를 들어 '속담'은 한때 은유였던 것이 일상 언어로 들어와 한갓 관용어구로 굳어진 것이라 할 수 있다. 아주 어린 시절 '배보다 배꼽이 더 크다'는 말을 처음 듣고 방을 데굴데굴 구르던 기억이 난다. 물론 어른들에게 이는 이미 '죽은' 은유에 불과하다. 하지만 적어도 이 표현이 처음 우리 언어에 들어왔을 때에는 매우 신선하게 여겨졌을 것이다.

이데올로기의 익숙함

브레히트B. Brecht의 '소격효과verfremdungseffect' 역시 일종의 '낯설게 하기'라 할 수 있다. 브레히트는 1935년 모스크바에서 매난방梅蘭芳의 경극을 관람한 후, 이른바 서사극의 원리를 지칭하는 데에 빅토르 시클롭스키의 용어를 차용했다. 소격효과의 의미는 학자마다 다양하게 해석된다. 그 낱말이 영어로 '소외', '거리 두기', '탈친숙화', '다르게 하기' 등 다양하게 번역되는 것은, 소격효과의 본질에 대한 다양한 해석의 차이에서 비롯되는 현상이리라.

브레히트의 눈에는 아마도 중국의 경극이 매우 낯설게 보였을 것이다. 거기서 그는 자신에게 익숙한 서구 연극의 관습을 전복시키는 새로운 연극, 이른바 '반反아리스토텔레스' 연극의 가능성을 보았다. 그가 '서사극'이라 부른 이 새로운 연극의 요체는, 몰입을 방해함으로써 관객으로 하여금 극 중 현실에 비판적 거리를 취하게 만드는 데에 있었다. 이는 물론 관객이 몰입을 통해 지배 이데올로기 속으로 자연스레 함몰되는 것을 막기 위해서였다.

몰입을 깨기 위해 브레히트는 종종 배우로 하여금 관객에게 직접 말을 걸게 만든다. 가령 해피엔딩으로 끝나는 극의 말미에, 배우가 몸을 돌려 관객을 향해 이렇게 말한다. "여러분, 하지만 현실에서는 절대로

이런 일이 일어날 수 없습니다." 이렇게 배우가 관객에게 직접 말을 걸 때, 극이 제공하던 환영은 깨지고 관객은 극 속에 전개되는 상황에 대해 입장을 취하도록 강요받는다. 몇몇 학자들이 '소격'을 종종 '거리 두기'로 번역하는 것은 이 때문이다.

하지만 소격효과를 곧바로 특정한 극적 장치와 동일시해서는 안 될 것이다. 이 맥락에서 주목해야 할 것은, 지배 이데올로기가 무엇보다도 친숙함을 통해 작동한다는 사실이다. 가령 한국에서는 왜 길에서 담배를 피우는 여성을 보기가 힘들까? 우리가 의식하지 못하지만, 이 익숙한 풍경 속에 이미 지배 이데올로기가 들어와 있다. 이 익숙함을 '낯설게' 제시할 때, 관객은 비로소 자신의 무의식을 지배해온 지배 이데올로기의 존재에 주목하게 된다.

일상의 경이

초현실주의에서 '낯설게 하기' 기법은 '데페이즈망dépaysement'이라 불린다. 데페이즈망은 '하나의 사물을 그것이 속하는 익숙한 환경에서 떼어내어 낯선 곳에 집어넣는 것'을 말한다. "해부대 위에서 재봉틀과 우산의 만남"이라는 로트레아몽Lautréamont의 시구는 데페이즈망의 전형적 사례다. 어떤 의미에서 뒤샹M. Duchamp의 〈샘〉 역시 일종의 데페이즈망으로 볼 수 있을 게다. 변기를 익숙한 맥락(화장실)에서 떼어내어 미술관이라는 엉뚱한 환경으로 옮겨놓았기 때문이다.

초현실주의의 데페이즈망은 일상 속에서 '경이le merveilleux'의 효과를 만들어낸다. 예를 들어 마그리트R. Magritte의 작품에 묘사된 대상은 우리 주변에서 흔히 볼 수 있는 지극히 일상적인 것이다. 하지만 그것들이 매우 독특한 방식으로 결합될 때, 가령 우산 꼭대기 위에 놓인 물 잔(《헤겔의 방학》)처럼, 뭔가 기묘한 분위기를 만들어낸다. 이처럼 일상적인 것 속의 몽상적인 것을 드러낼 때, 꿈과 현실이 중첩된 새로운 현실, 즉 '초현실'이 탄생한다.

러시아 형식주의자들이 '낯설게 하기'를 언어(詩語)의 효과로 이해했다면, 초현실주의자들은 '낯설게 하기'를 무엇보다 사물의 효과로 이해했다. 때문에 초현실주의자들은 경이의 효과를 연출하는 데에 주로 오브제를 사용했다. 초현실주의 오브제들, 가령 벼룩시장에서 발견한 용도를 알 수 없는 마스크, 해변에서 우연히 발견한 부목浮木, 그라모폰의 스피커와 마네킹 다리의 결합과 같은 것은 낱말이 아닌 사물로 이루어진 시詩라 할 수 있다.

친숙한 낯섦

브레히트는 소격효과를 통해 우리에게 친숙한 일상의 이데올로기를 낯선 것으로 체험하게 해준다. 초현실주의자들은 데페이즈망을 통해 우리에게 익숙한 일상의 사물들을 낯선 것으로 체험하게 해준다. 무의식적으로 습관화된 지배 이데올로기든, 아니면 무의식적으로 지나치던 대상 속의 감추어진 경이로움이든, 무의식을 의식하게 해준다는 점에서 둘은 상통한다. 벤야민이 다다와 초현실주의의 인식적 기능에 주목한 것은 이와 관련이 있을 것이다.

정신분석학의 관점에서 초현실주의적 '경이'는 '섬뜩함unheimlich'의 효과로 설명된다. 자신의 유명한 논문에서 프로이트S. Freud는 '섬뜩함'을 '친숙한 낯섦'으로 정의했다. '낯섦'과 '친숙'은 논리적으로 서로 배제하나, 이 정의 속에서 서로 반대되는 두 개념은 모순적으로 결합된다. 논리적으로 양립 불가능한 두 요소가 서로 결합하는 것은 불가해한 현상이다. 그러니 거기서 합리적으로 이해할 수 없는 어떤 섬뜩함의 느낌이 발생하는 것이리라.

프로이트에 따르면, 한때 친숙했으나 억압을 통해 망각된 욕망이 다시 나타날 때, 우리는 그것을 낯설어하면서도 어딘지 친숙하게 느낀다고 한다. 예를 들어 우리는 한때 무생물이었으나, 탄생과 더불어 그 사실은 억압되고 망각된다. 하지만 억압되고 망각된다고 그 존재가 사라지는 것은 아니다. 그리하여 우리 내면에는 여전히 죽음으로 돌아가려는 은밀한 충동이 존재한다. 한때 친숙했으나 이제는 낯설어진 그 충동은 우리에게 섬뜩한 느낌을 준다.

십자가에 못 박힌 욕망
─삶의 충동과 죽음의 충동

'십자가 시신'은 성화에 묘사된 예수의 죽음과 유사했다. 5월 1일 경북 문경시 농암면 궁기리 한 폐채석장에서 전직 택시기사 김모(58) 씨가 십자가에 못 박혀 죽은 채 발견됐다. (…) 시신을 가까이에서 찍은 사진을 보면 김 씨의 양손은 십자가에 매달려 있고 두 발은 십자가 앞쪽에 놓인 나무판에 못 박혀 있다. 오른쪽 옆구리에는 식칼에 찔린 상처가, 머리 위에는 가시면류관이 있다. 예수와 함께 매달린 강도를 상징하는 작은 십자가 양옆에 놓여 있고, 발아래에는 채찍 형태의 물건이 놓여 있다 (…) 폐채석장도 성경에 묘사된 돌무덤 골고다 언덕과 닮았다.

《《주간동아》, 2011년 5월 23일)

예수-되기

이 엽기적 사건이야말로 인문학의 설명력을 가늠할 시금석이 아닐까? 이 소식을 접하고 먼저 머리에 떠오른 것은 '미메시스mimesis'라는 개념이었다. 라틴어의 '모방imitatio'이 대상을 흉내 내는 인식론적 '재현'이라면, 그리스어의 '모방mimesis'은 카멜레온이 환경에 따라 색을 바꾸는 것과 같은 존재론적 '되기'를 의미했다. 들뢰즈는 그의 유명한 저서에서 카운터테너의 여성-되기, 카스트라토의 아이-되기, 슈만의 클라라-되기, 모차르트의 새-되기 등 다양한 존재론적 '되기'의 예를 든다.

문경 택시기사의 자살은 '예수-되기'의 극한이라 할 수 있다. 사실 예수-되기에도 다양한 수준이 있다. 옛날에 가톨릭성당에 다닐 때, '피정避靜'이라는 것을 가서 본의 아니게 예수-되기를 경험한 적이 있다. 십자가 고난의 길을 만들어놓고, 신도들로 하여금 자갈밭을 맨무릎으로 기어가게 하는 프로그램이었다. 물론 채찍질당하고 가시면류관에 찔리고, 무거운 십자가를 메고, 손발에 못이 박히고, 십자가에 달려 창으로 가슴을 찔린 그의 고통을 조금이라도 느껴보라는 취지일 것이다.

필리핀에서는 부활절에 자원해서 십자가에 매달리는 사람들이 있다. 사지를 끈으로 묶어 매다는 경우도 있지만, 대부분은 정말로 손발에 못이 박힌 채 십자가에 달린다. 몇 년 전 부활절에도 24명 이상의 필리피노가 자원해서 십자가에 달렸다. 가톨릭교회에서는 이를 "의심스러운 신학적, 사회적 의미를 갖는 불완전한 모방"이라 부르며 불편해하지만, 이미 25회나 못 박혀 본 어느 사내는 교회가 이 관습을 존중해야 한다며, 자신은 "십자가 위에서 신에게 매우 가까워진 것처럼 느낀다"고 말했다.

하나님의 인

물론 이는 미메시스, 즉 진정한 의미의 '예수–되기'가 아닐 것이다. 교회에 따르면, 그것은 "불완전한 모방imperfect imitation"에 불과하다. 중세 성인들의 '스티그마타stigmata'는 이와는 차원이 다르다. 그들은 억지로 제 손과 발에 못을 박는 스펙터클을 연출하지 않았다. 오로지 기도와 명상을 했을 뿐이나, 예수처럼 되기를 원하는 그들의 간절한 마음이 신체에 변화를 일으켜 양 손과 발, 그리고 옆구리에 아물지 않는 상처가 돋아나게 한 것이다. 어떻게 그런 일이 일어날 수 있었을까?

쉬운 설명은, 그들이 남들 몰래 자해를 했다는 것이리라. 하지만 이런 가설은 존경받는 성인들을 졸지에 사기꾼으로 만들어버리는 문제가 있다. 그보다 더 흥미로운 설명은 정말로 정신의 노력이 신체의 변화를 낳았다는 것이리라. 우리는 칸트처럼 정신은 자유의 영역, 신체는 물리의 세계에 속한다고 믿으나, 사실 그 둘은 우리가 생각하는 것보다 훨씬 더 복잡한 연관을 맺고 있다. 심신body-mind의 관계에 대해서는 아직 과학적으로 밝혀져야 할 것이 많이 남아 있다.

〈요한계시록〉 7장에 따르면 종말의 날에 하나님은 그의 종들의 이마에 인印을 친다. 제 몸에 예수께서 십자가에서 입은 상처를 새기는 것만큼 하나님의 인을 받았다는 확실한 증거가 어디 있겠는가? 하나님의 인을 갈구하는 영혼의 상태가 우리가 아직 알지 못하는 어떤 메커니즘에 따라 신체의 변화를 야기한 것이다. 하지만 그 메커니즘을 과학적으로 증명한다고 하여, 교회가 그다지 기뻐할 것 같지는 않다. 그 경우 스티그마타의 전설을 감싸는 신학적 아우라가 사라지기 때문이다.

사디즘과 마조히즘

한국의 교회는 행여 이 사건이 기독교 전체를 광신으로 비치게 할까 전전긍긍했던 모양이다. 아니나 다를까, 교회 밖에서는 한국 기독교의 못 말리는 광신성이 이런 참극을 낳았다는 비난의 목소리가 나왔다. 하지만 교회의 주장대로 기독교 자체와는 별 관계가 없을 것이다. 교회에서 말하는 '예수-되기'란 예수의 행실과 영혼을 닮는 것을 말하지, 예수의 전기를 흉내 내는 것을 의미하는 것은 아니기 때문이다. 그런 것은 미메시스가 아니라, "불완전한 모방"에 불과할 뿐이다.

정작 주목해야 할 것은 섹슈얼리티sexuality다. 과거에도 종교를 빙자해 성욕이 난무한 적이 있었다. 바로크 시대에 가톨릭교회는 인쇄술을 무기로 한 개신교의 텍스트 공세에 선정적 이미지로 맞서려 했다. 대중 선동을 위해 교회는 벽면을 온갖 성자들의 잔혹한 고문 및 순교의 그림으로 장식하곤 했는데, 그 바탕에는 이른바 '바로크의 은밀한 에로틱'이 깔려 있었다. 필리프 아리에스Philippe Ariès는 그 시절 날마다 성당에 가서 벽화 속 성자들의 비명소리를 들으며 은밀한 쾌감을 느끼던 어느 소녀의 얘기를 전한다.

초등학교 시절 다락방에서 예수가 고난을 당하는 영어 성서의 삽화를 보며 묘한 흥분을 느꼈던 기억이 난다. 그 흥분은 사춘기가 지난 후에 비로소 느낄 수 있었던 그 '흥분'과 거의 동일했다. 가끔 또래 사내아이들이 장난으로 여자아이들의 종아리를 때리는 시늉을 하는 것을 보며, 그들도 내가 다락방에서 느꼈던 그 '흥분'을 느낄 것이라 생각했던 기억도 난다. 이렇게 사춘기 이전에도 성욕은 존재하며, 그것의 정체는 사디즘sadism이었다. 물론 마조히즘masochism도 사춘기 이전부터 존재할 것이다.

죽음의 충동

성욕에는 그저 '생식'의 욕망만 있는 게 아니다. 죽음을 향하는 성욕도 존재한다. 태어나기 전 우리는 무기물이었기 때문에, 우리 무의식에는 생명 이전의 상태로 회귀하려는 충동이 존재한다. 이것이 신체를 파괴하고, 파괴당하는 데서 쾌감을 느끼는 사디즘과 마조히즘의 성욕으로 나타나는 것이다. 서로 반대되는 이 두 성욕은 미시마 유키오三島由紀夫처럼 한 몸 안에서 결합될 수도 있다. 문경의 재판 예수도 마찬가지다. 전자가 헬레니즘 버전이라면, 후자는 헤브라이즘 Hebraism 버전이라 할 수 있다.

무대 세팅은 달라도, 자기 파괴의 욕망은 동일하다. 자신을 일본도를 든 사무라이의 모습으로 연출하는 가학성과 나무에 달려 화살을 맞은 순교자 세바스티아누스Sebastianus로 연출하는 피학성. 이 두 욕망은 칼로 자기 배를 가르는 행동 속에서 비로소 하나가 된다. 고통을 주며 즐거워하는 로마 병정의 가학성과 스스로 십자가에 달리고 싶어 하는 피학성. 자신의 손발에 못을 박는 행동 속에서 두 욕망은 하나가 된다. 시신에 '주저흔' 하나 없었다는 것은 그 행위에 모종의 쾌감이 수반됐음을 강하게 시사한다.

이 두 개의 자살 사건을 관통하는 공통의 욕망은 아마도 후기 프로이트가 말한 '죽음의 충동'일 것이다. 무대의 세팅은 두 사람이 처한 구체적 상황에 따른 우연한 차이일 뿐이다. 하지만 이 사건의 엽기성은 다른 데에 있다. 사실 기독교는 '삶의 충동'의 극단적 표현이다. 이 땅에 사는 것만으로도 모자라 아예 '영생'을 하고픈 욕망이기 때문이다. 이 '삶의 충동'이 그 대극인 '죽음의 충동'을 실현하는 무대의 세팅으로 사용됐다는 역설. 이 사건의 '섬뜩함'은 거기서 나오는 것이리라.

24

총을 든 베르세르커

—질주하는 광기

"광기에 찬 정신이상자의 돌발 행동인가, 아니면 치밀하게 계산된 확신범의 집단 살인인가."(《한국일보》, 2011년 7월 27일) 노르웨이 연쇄 테러범의 정체를 놓고 논란이 뜨거웠다. 브레이빅A. B. Breivik의 변호인은 기자회견을 통해, 자신이 면담을 해본 결과 '그는 제정신이 아니'라고 주장했다. 스스로 구세주라고 믿고, 지금은 전쟁 중이기 때문에 무슨 짓을 해도 죄가 되지 않는다고 말하는 것으로 보아 정신병자가 틀림없다는 것이다. 하긴, 그 가공할 범죄자를 변호할 유일한 방법은 환자로 만드는 길밖에 없었을 게다.

아목

이렇게 다수의 무고한 사람을 향해 무차별적으로 총기를 난사하는 것을 독일에서는 흔히 '아목라우펜amoklaufen'이라 부른다. 영어로는 '러닝 아목running amok'이라고 한다. 아목라우펜은 말레이어 '멩아목 mengamok'을 글자 그대로 번역한 것으로, 그 속의 '아목amok'이라는 말은 '통제할 수 없는 격노에서 나오는 광기'를 의미한다. 아무런 동기 없는 광적인 연쇄살인은 유명한 탐험가 쿡J. Cook 선장이 항해 중에 서남아시아에서 처음 목격한 현상으로, 그의 보고서를 통해 존재가 서구에 알려졌다고 한다.

19세기 독일에서 발간된《마이어 회화사전 4판(1885~1892)》은 아목을 이렇게 정의한다. "아목라우펜('죽이다'의 자바어인 amoak에서 유래). 자바섬과 같은 곳에 사는 여러 말레이 부족들 사이에서 행해지는 야만적 관습. 마약에 취한 상태에서 단검을 들고 거리로 뛰쳐나가 우연히 마주치는 사람들을 해치거나 죽이다가, 스스로 목숨을 끊거나 타인들에게 제압당하는 데에 그 본질이 있다." 한국의 '묻지마' 살인, 혹은 일본의 '토리마通り魔' 살인은 아목라우펜의 이 말레이적 원형에 가장 근접한 현상이라고 할 수 있다.

말레이문화에서 아목은 '한투 벨리안hantu belian'이라는 사악한 호랑이의 영靈에 의해 야기되는 것으로 간주된다. 이 악령이 인간의 몸에 들어가면, 멀쩡하던 사람이 갑자기 난폭해져 칼이나 총을 들고 타인을 해치는 행동을 하게 된다는 것이다. 아목은 악령의 작용으로 여기기에, 말레이문화에서 그 행위를 한 인간은 처벌받지 않는다고 한다. 그러고 보면, 브레이빅의 변호인은 종교적 개념('악령')을 의학적 용어('광기')로 바꾸어놓은 채 이 말레이의 전통을 변호의 전략으로 사용했던 셈이다.

신중한 살인자

유명한 아목로이퍼amokläufer, amok-runner들이 있다. 2007년 버지니아 공대에 난입해 32명을 사살한 조승희. 1999년 모교에 난입해 13명의 목숨을 앗아간 콜럼바인 고교의 두 학생. 가장 극적인 것은 1966년에 일어난 텍사스대학 타워 난사일 것이다. 해병대 출신으로, 이 대학의 학생이었던 찰스 휘트먼Charles Whitman은 학교의 전망타워에서 망원렌즈가 달린 소총으로 대학 캠퍼스를 거닐던 이들을 '저격'했다. 이것이 전형적인 아목라우펜이다. 그렇다면 브레이빅의 범행도 이 전형적 사례에 속할까?

그렇지는 않은 것 같다. CNN에 따르면, 브레이빅은 "신중하고 목적의식이 분명한 살인자"일 가능성이 크다고 한다. 설사 그가 반사회적 인격장애sociopath를 가졌다고 해도, 그 때문에 그를 미친 사람으로 간주해서는 안 된다는 것이다. 오랜 시간을 들여 범죄를 준비하는 신중함은 정신이상자에게는 나타나지 않는 특징이기 때문이다. 브레이빅은 범행을 위해 1,500쪽에 달하는 선언문을 작성했다. 나아가 범행 전에 극우 단체와 접촉하는 등 스스로 "테러를 위해 공을 들였다"고 주장했다.

현상적으로 볼 때, 브레이빅의 범행은 언뜻 아목라우펜의 전형적 경우에 가까워 보인다. 하지만 아무런 동기가 없는 아목라우펜과 달리, 브레이빅의 범행에는 거의 '대의'라 부를 만한 분명한 이념적 동기가 깔려 있다. 그런 의미에서 브레이빅은 조승희나 휘트먼 같은 총기 난사범보다는 외려 일군의 폭탄 테러범들, 가령 1995년 미국 오클라호마 연방 청사를 폭파한 티머시 맥베이Timothy J. McVeigh, 혹은 1978~1986년 사이에 연쇄 우편물 폭탄 테러를 저지른 '유나버머unabomber' 하버드의 카진스키T. J. Kaczynski 교수에 가깝다는 지적이 나온다.

베르세르커

아목라우펜을 의학에서는 흔히 '해리장애dissociative disorder'와 연관시키곤 한다. 아무튼 이 장애에 걸린 연쇄살인범들은 범행 후 스스로 목숨을 끊거나, 경찰에게 사살당하는 방식으로 사실상의 자살을 택한다고 한다. 행여 산 채로 사로잡히는 경우가 있다 해도, 정신이 돌아오면 범인은 자신이 저지른 행위를 기억하지 못한단다. 그렇다면 브레이빅은 어떤가? 그는 자살하지도, 사살당하지도 않았고, 경찰에 순순히 투항했으며, 무엇보다 자신이 저지른 행위를 뚜렷이 기억하고 있다. "잔혹하지만 꼭 필요한 일이었다"라고 말하며.

브레이빅의 행위를 설명하려면, 차라리 또 다른 근원으로 올라가는 게 낫겠다. 공교롭게 그 근원은 노르웨이에 있다. 고대 노르웨이에는 '베르세르커Berserkers'라 불리는 전사 집단이 있었다. 곰ber의 가죽으로 만든 셔츠를 입었다 하여 그런 이름을 얻었다고 하는데, 문헌에 따르면 이들은 전투에 임하기 전에 자신들을 광기에 가까운 격노의 상태로 몰아넣었다고 한다. 물론 군사적 필요를 넘어서는 잔혹한 살상을 저지름으로써 적에게 공포를 주기 위해서였다. 그러다가 전사하면 물론 최고의 명예를 얻을 수도 있었다.

'의도된' 광기라는 점에서 '베르세르커'는 의도하지 않은 광기인 '아목'과 구별된다. 이렇게 전투를 위해 의도적으로 광기에 빠지는 관습은 폴리네시아Polynesia 여러 부족의 전사 집단에도 나타난다고 한다. 전투를 앞두고 자신을 광적인 흥분 상태로 몰아넣는 데에는 약물이 이용되기도 한다. 가령 태평양전쟁 당시 일본군 병사들, 특히 카미카제神風 조종사들은 이른바 '히로뽕(필로폰)'을 복용했다. 변호인에 따르면, 브레이빅 역시 범행을 저지르기 전에 아직 정체가 밝혀지지 않은 약물을 복용했다고 한다.

작위 받은 네오나치

브레이빅의 범행을 연출하는 데에 사용된 또 다른 요소는 '성당기사단templar'이라는 모티브다. 보도에 따르면, 그는 법정에 설 때에 성당기사단의 제복을 입게 해달라고 요구했다고 한다. 널리 알려진 것처럼, 성당기사단은 12세기에 성지 예루살렘을 향하는 기독교 순례자들을 보호하기 위해 만든 기사단으로, 여러 차례에 걸친 십자군 원정에 참여하여 이슬람 군대와 전투를 벌인 군사조직 중의 하나였다. 성당기사단의 '제복'은 브레이빅이 자신의 범죄를 치장하기 위해 걸치는 판타지의 옷일 것이다.

그 옷을 벗기면 겁에 질린 극우파의 초라한 알몸이 드러난다. '정체성identity'에 대한 과도한 집착은 '다른 것xeno'에 대한 극도의 공포phobia로 이어지기 마련이다. 여기에 나와 '같은 것'이 있고, 저기에 나와 '다른 것'이 있다. 나와 같은 것은 선하고, 나와 다른 것은 악하다. 이 사유의 고질병을 그는 '기독교 대對 이슬람'이라는 신학적 구도로 극화劇化했다. 브레이빅이 성당기사단 코스프레에 집착하는 것은 자신이 앓는

정신적 문제, 즉 외국인혐오증xenophobia을 신학적 성스러움으로 덮어버리려는 처절한 몸부림이리라.

　브레이빅은 아목로이퍼가 아니다. 소총을 들고 우토야섬을 거니는 그는 캠퍼스를 누비는 조승희나 전망타워에 웅크린 휘트먼과는 다르다. 그는 정신병자보다는 확신범에 가깝다. 즉, 곰가죽 셔츠 대신 성당기사의 갑옷을 입은 베르세르커. 따져보면, 그다지 특별할 것 없는 노르웨이판 네오나치에 불과하다.

냉장고 속의 독재자
—정치로서 사체 공시

독재자 카다피M. Gaddafi의 시신은 정육점 냉동창고에서 대중에게 공개됐다. 사실 더 끔찍한 최후를 맞이한 독재자도 있었다. 바로 이탈리아의 파시스트 무솔리니B. Mussolini다. 그는 연합군이 진주하자 도주하던 중 항독 빨치산들에게 체포되어 연인과 더불어 처형된 후, 둘이 함께 건물에 거꾸로 매달렸다. 히틀러가 자살한 후 자신의 사체를 소각해달라고 부탁한 것은 무솔리니의 끔찍한 최후를 목격했기 때문이라는 얘기도 있다.

냉장고 속의 독재자

카다피의 죽음은 무솔리니의 그것에 비하면 점잖은 편이다. 하지만 무솔리니의 죽음은 70여 년 전의 일이다. 게다가 지금은 '디지털' 시대가 아닌가. 노인에게 린치를 가하고, 사체를 바닥에 끌고 다니는 행위가 SNS, 스마트폰, 페이스북과 같은 낱말과 공존한다고 생각해보라. 우리가 그 끔찍한 장면을 생생하게 볼 수 있었던 것은 휴대전화라는 디지털 테크놀로지 덕이다. 이 얼마나 초현실주의적인 상황인가.

한때는 완전히 벌거벗겨지기도 했으나, 냉동창고 속에 안치된 카다피는 그나마 아랫도리는 챙겨 입고 있다. BBC의 방송 화면이 그 냉동창고 앞에 줄지어 선 리비아 인민들을 보여준다. 저마다 얼굴에 마스크를 하고 있었다. 아무리 냉동창고라 하더라도 시신에서는 아무래도 악취가 나는 걸까? 줄을 서서 기다리다가 제 순서가 되자, 턱 밑에 걸쳤던 마스크를 올려 입과 코를 가린 채 건물 안으로 들어간다.

왜 굳이 사체를 보려는 걸까? 카다피의 죽음을 직접 눈으로 확인하고 싶었는지도 모른다. 가령 폭군 네로Nero가 환생한다는 두려움이 〈요한계시록〉을 낳은 원인 중 하나라는 설명이 있다(계시록에 언급된 사탄 666은 일반적으로 네로를 가리킨다고 해석된다). 워낙 잔혹한 인물이었던지라 죽은 후에도 사람들은 여전히 네로를 두려워했다는 얘기다. 카다피의 사체를 보려는 것은 그 불안을 떨쳐버리기 위한 게 아닐까?

민중의 축제

사로잡힌 왕의 목을 치는 것은 일반적인 현상이다. 러시아혁명 당시 볼셰비키가 차르Tsar 일가를 처형한 것은, 내전을 서둘러 종식하기 위해서였다. 그가 살아 있는 한, 존재하는 백군들에게 여전히 심리적 구심의 역할을 할 테니까. 루마니아에서 요식적인 스탈린 재판으로 차우셰스쿠N. Ceausescu를 급히 처형한 것 역시 가능한 한 내전을 빨리 끝내기 위해서였다. 미국이 석연찮은 정황에서 오사마 빈 라덴Osama Bin Laden을 사살한 것도 같은 이유일 게다.

하지만 어느 경우에도 대중에게 시체를 공시하는 일은 없었다. 죽은 왕의 사체를 대중에게 공개하는 관습은 차라리 고대에 속할 게다. 그때에는 사로잡힌 상대국 왕을 모욕하고, 베어진 그의 목을 창끝에 꿰어 성문에 매달아놓곤 했다. 그것은 아무런 전략적 의미도 없는, 그저 원시적인 복수심의 표현이었다. 고대인들은 근대인처럼 '합리적'이지 않아 계산적으로 행동하기보다는 감정에 몸을 맡기기를 좋아했다.

리비아 사태는 이 고대의 원형을 닮았다. 왜 시민군은 카다피를 학대하는 병사들을 통제하지 못했을까? 어쩌면 통제를 안 한 것인지도 모른다. 제2차 세계대전 당시, 소련군이 독일로 진주하는 과정에서 저지른 강도, 강간, 학살을 만류해달라고 연합국 측에서 요청하자, 주코프G. K. Zhukov 장군은 태연히 "우리 병사들도 즐길 권리가 있소"라고 대답했단다. 카다피의 수난극도 일종의 민중의 카니발carnival로 묶인된 게 아니었을까?

리비아 시민군이 카다피의 시신을 아무도 모르게 사막 어딘가에 매장한 것은 합리적 판단이었다. 아무리 일인 독재라 하더라도, 독재자 한 사람이 모든 이들의 뜻을 거슬러 통치한다는 것은 불가능한 일이다. 그의 독재를 지탱해온 세력은 여전히 카다피를 따를 것이다. 그의 매장 장소가 알려질 경우, 그곳은 순교자(?)를 흠모하는 이들의 성지가 되기 마련. 미국이 빈 라덴 사체를 대양 어딘가에 수장한 것과 같은 이치다.

사체 공시

시민군 지휘부는 분명 카다피를 체포한 경우에 어떻게 해야 할지 지침을 내렸을 테지만, 그 지침은 지켜지지 않았다. 자발적으로 참여한 시민군에게 정규군과 같은 '지휘'와 '통제'의 엄격함을 기대할 수는 없을 것이다. 그런 의미에서 체포 직후 상황은 우발적 사태였을 가능성이 크다. 하지만 카다피의 사체를 대중에게 공개하는 결정만은 결코 우발적으로 보이지 않는다. 거기에는 나름대로 '목적'이 있었을 게다.

그 목적은 카다피의 공식적 '이미지'를 무너뜨리는 것이 아니었을까? 체포된 카다피의 모습은 충격적이었다. 벗겨진 모자 아래로 드러난 그의 머리는 보기 흉할 정도로 머리칼이 빠져 있었다. 평소에 입고 다니던 멋진 아프리카 패션을 벗겨내자 드러난 것은 여느 노인과 다르지 않은 노화한 몸뚱이. 게다가 그 몸은 정육점에 전시됐다. 심지어 추종자들의 향수 속에서도 그는 자신이 누리던 카리스마를 더 이상 가질 수 없으리라.

물론 정치적으로 사체를 공개하는 게 늘 모욕을 동반하는 것은 아니다. 때로는 외려 고인의 숭배를 위해 사체를 공개하는 경우도 있다. 영구 보존된 레닌V. I. Lenin이나 김일성의 사체를 생각해보라. 프랑스혁명 당시 왕당파가 보낸 여인에게 암살당한 혁명가 마라J. P. Marat는 암살 당시의 모습 그대로 욕조에 몸을 담근 상태로 파리 시내에 공개됐다. 물론 '인민의 벗'을 암살한 자들에 대한 적개심을 고취하기 위한 연출이었다.

마카브르

'마카브르macabre'라는 말이 있다. 어원은 분명하지 않으나, 시체와 관련된 어떤 것을 가리킬 때 널리 사용한다. 김연아의 '죽음의 무도 danse macabre'를 통해 이 말은 우리에게도 널리 알려져 있다. 중세 전설에 따르면, 공동묘지의 시체들이 자정이 되면 무덤에서 나와 집단으로 춤을 춘다고 한다. 그것이 '죽음의 무도'다. 김연아가 사용한 생상스C. Saint-Saens의 음악은 이 중세 전설에서 영감을 받은 것이다.

'죽음의 무도'는 동시에 중세에 교회나 수도원, 혹은 공동묘지 벽에 그려진 벽화의 이름이기도 하다. 반쯤 썩은 시체들이 산 자들의 손을 잡고 그들을 공동묘지로 이끄는 모습. 이는 물론 '늘 죽음을 생각하며 살라memento mori'는 종교적 메시지의 시각적 표현이다. 근대에 들어와 이 벽화들은 파괴되거나 교회의 벽에서 지워진다. 근대인들에게는 중세의 이 마카브르 취향이 그저 고약한 몰취향으로 여겨진 모양이다.

사로잡힌 왕을 모욕하고 그의 시신을 공개하는 것은 아득한 고대에 속한다. 선동 목적으로 사체를 이용하는 것은 아무리 늦어도 프랑스혁명기에 속하는 얘기다. 리비아에서 벌어진 사태는 그 자체가 마카브르다. 이미 오래전에 인류에게 망각됐던 정치적 마카브르문화가 느닷없이 21세기에 살아 돌아왔다. 역사의 무덤에 묻혔다고 생각하던 것의 부활을 지켜보는 느낌은 무덤에서 돌아온 망자를 보는 것과 비슷하다.

모욕을 위해서든 숭배를 위해서든 사체가 정치적으로 이용될 수 있는 것은, 그것이 대중의 은밀한 욕망을 자극하기 때문이리라. 프로이트라면 '죽음의 충동'이라 부르지 않을까? 삶의 충동이 있기에 우리는 시체를 혐오하나, 죽음의 충동이 있기에 우리는 은밀히 그것을 선호한다. 정치적 마카브르가 작동할 수 있는 바탕이 대중의 이 금지된 욕망이라면, 그 역시 일종의 포르노라 할 수 있을 것이다. 실제로 그것은 포르노다. 정치적 네크로필리아necrophilia다.

리비아의 시민들. 그들은 왜 카다피의 시체가 보고 싶었을까?

7부   미의 정치성

미인이라면 살인범도 주목받는다. 언론은 누구의 얼굴, 누구의 몸매를 찬탄하기 바쁘다. 대중은 누구의 얼굴이 되기 위해 몸에 칼을 대고, 누구의 몸매가 되기 위해 식욕을 억누른 채 구슬땀을 흘린다. 하지만 그 열망의 크기에 비해 자신의 외형에 만족한다는 사람은 왜 이리 적은가. 아름다움을 향한 욕망에 대해, 다시 사고해야 할 때다.

미적 자본
—아름다움 앞에서 법률은 효력을 잃는다

과거에는 여성을 위한 채용 공고에 '용모단정'이라는 표현이 끼어들곤 했다. 물론 '옷매무새가 깔끔하다'는 뜻이 아니다. 여성단체의 활동 때문인지, 이 용모로 차별하겠다는 식의 채용 공고는 요즘 보기 힘들어졌다. 얼마 전, 우연히 '루키즘lookism'에 관한 어느 자유지상주의자 libertarian의 논문을 읽었다. 인간의 두뇌는 깔때기 같아서 어떤 주제어를 입력해도 결론은 늘 똑같기 마련. 읽다가 지루해서 바로 결론으로 넘어갔더니 아니나 다를까, 외모에 따른 차별을 금지하기 위한 그 어떤 정부의 개입에도 반대한다는 내용이다. 세상 참 편하게들 산다.

루키즘

1994년에 발표된 한 논문[*]에 따르면, 잘생긴 남자는 평범한 남자보다 수입에서 5%의 프리미엄을 누리는 반면, 못생긴 남자는 평범한 남자보다 9%의 불이익을 보는 것으로 조사됐다. 흔히 여성들이 외모에 따른 차별로 더 많은 고통을 받는 것으로 생각하나, 조사에 따르면 못생긴 여성의 경우 4%의 불이익만을 보는 것으로 나타났다. 하지만 못생긴 여성들은 혼인을 통해 또 다른 불이익을 본다. 그들의 남편은 평균적 여성들의 배우자보다 교육 기간이 1년 정도 짧은 것으로 조사됐다. 물론 그들의 연봉도 그만큼 낮을 것이다.

'루키즘'은 결국 외모에 따른 차별을 의미한다. 문제는 이것이 과연 '정의로운가' 하는 것이다. 자본주의 사회에서 여성이든, 남성이든 능력에 따라 차별대우를 하는 것은 일반적으로 공정하다고 여긴다. 하지만 업무 능력과 전혀 관계없는 외모 때문에 불이익을 받는다면, 그것은 우리가 가진 '정의'의 관념에 위배된다. 하지만 외모가 생산성 향상에 도움을 준다면, 사정은 달라질 것이다. 그 경우 준수한 용모에 프리미엄을 주고, 못생긴 얼굴에 페널티를 주는 것은 적어도 부르주아 경제학적으로는 정당화될 것이다.

---

[*] Daniel S. Hamermesh and Jeff E. Biddle, 〈Beauty and the Labor Market〉, *The American Economic Review*, Vol. 84, No. 5, (Dec., 1994), pp. 1174-1194.

이를 알아보기 위해 위 논문 저자들은 4년 뒤에 미국의 변호사를 대상으로 다시 조사를 했다. 거기에 따르면 잘생긴 변호사는 공공 영역에서 일할 경우에는 평균보다 3,200달러, 사적 영역에서 일할 경우에는 평균보다 10,200달러 더 많은 수입을 올리는 것으로 나타났다. 결국 외모가 – 적어도 특정 영역에서는 – 생산성을 제고하는 데에 도움을 준다는 얘기다. 물론 이 결과를 생산의 다른 영역으로 일반화할 수는 없겠지만, 상당수의 고용주는 종업원의 외모가 생산성 향상과 직결된다고 굳게 믿고 있다고 한다.

세계의 유미화

루키즘에는 몇 가지 배경이 있을 것이다. 하나는 자본주의적 생산의 점증하는 유미화 현상이다. 보드리야르가 지적한 것처럼 오늘날 소비자는 상품이 아니라 기호를 소비한다. 즉 상품 자체가 아니라 상품과 상품의 '차이'를 소비한다는 얘기다. 그 '차이'를 만들어내는 것은 디자인, 이미지, 브랜드 등이다. 나아가 현대 소비자는 상품을 일종의 내러티브로 간주하는 경향이 있다. 이 모든 것은 상품의 생산과 소비를 물리적 현상에서 미학적 허구로 바꿔놓는다. 일찍이 벤야민은 이를 "무기물의 섹스어필"이라 불렀다.

게다가 커뮤니케이션은 언어적 영역에서 시각적 영역(이른바 'visual communication')으로 자리를 옮겼다. 기 드보르Guy Debord가 말한 '스펙타클의 사회'에서는 사건의 사실성이나 사물의 실용성보다는 그것들의 시각적 효과가 더 실재적이다. 텍스트가 하던 기능을 이미지가 대신하면서 정치적 혹은 윤리적 아버지의 역할은 미의 여신에게로 넘어간다. 사회는 질서를 유지하는 데에 도덕적 금지 대신 미학적 장려를 사용하기 시작한다. 그런 사회에서는 '예쁘면 모든 것이 용서되고, 못생기면 뭘 해도 죄가 된다.'

모든 것을 상품으로 바꾸어놓는 자본주의 사회에서는 노동력마저 사고파는 상품이 된다. 이렇게 인간이 사물을 닮아가는 것을 마르크스는 '물화物化'라고 불렀다. 오늘날에도 다르지 않을 것이다. 후기산업사회 혹은 산업이후사회에서 상품은 유미화, 허구화하고 이는 인간의 유미화, 허구화로 이어진다. "진리보다 더 중요한 것이 예술"이라는 포스트모던의 유미주의는 사물과 인간 모두에게서 일어나는 유미화 현상의 이론적 반영일 것이다. 그 모든 급진적 수사에도 불구하고 포스트모던은 자본주의와 공모관계에 있다.

실재계, 상상계, 상징계

지금 벌어지는 일은 머나먼 고대에 일어났던 어떤 사건의 반복일 뿐이다. 전설에 따르면 고대의 창기娼妓 프리네Phryne는 신성한 장소에서 옷을 벗은 죄로 법정에 기소된다. 당시에 신성모독은 사형에 처해질 만큼 중한 범죄였다. 하지만 그의 변호를 맡은 히페레이데스Hypereides는 마치 동상의 제막식을 하듯이 법정에서 갑자기 프리네가 알몸을 가렸던 천을 벗겨버린다. 드러난 알몸의 아름다움에 압도당한 배심원들을 향해 히페레이데스는 이렇게 외쳤다. "저것은 신적인 아름다움이다. 그 앞에서 인간의 도덕과 법률은 효력을 잃는다."

여기에는 미학적 가치와 윤리적 가치를 명확히 구별하지 않던 그리스문화의 특성이 잘 나타나 있다. 그리스인들의 이상은 선과 미가 명확히 분화되지 않은 채 결합된 '칼로카가티아'였다. 이 그리스적 특성이 오늘날 잘생긴 사람은 무의식적으로 윤리적으로 선하고 수완도 더 뛰어날 것이라 느끼는 루키즘의 편견으로 반복되고 있다. 극단적인 경우, 살인범도 '얼짱'이면 인터넷에서는 종종 경탄의 대상이 된다. 라캉의 표현을 훔쳐 쓰자면, 현대인의 의식(혹은 무의식) 속에서 상징계le symbolique는 축소되고 상상계le imaginaire가 비대해지고 있다.

이성주의자에게는 다시 찾아온 유미주의가 일종의 퇴행으로 여겨질지 모르겠다. 라캉에 따르면 유아는 거울을 통해 실재계le réel에서 상상계로 입장하고, 이어서 상징계로 이행하면서 성장을 완료한다. 어떤 의미에서 개체발생은 계통발생을 반복하는지도 모른다. 사실 헬레니즘 문명은 이미지로 빚어낸 상상계의 문화였다. 이후 서구 사회는 이미지를 금하는 텍스트의 문화, 즉 헤브라이즘을 수용함으로써 상징계로 진화한다. 하지만 산업이후사회에서 우리가 목격하는 것은 상징계에서 상상계로 되돌아가는 퇴행이다.

미학적 자본

외모가 정말 생산성 향상으로 이어진다면, 젊은이들이 외모를 고치는 데에 돈을 쓰는 것은 나름대로 합리적 투자가 되는 셈이다. 피에르 부르디외Pierre Bourdieu는 산업이후사회의 변화에 맞추어 고전적 '자본'의 개념을 상징자본, 문화자본, 신체자본 등으로 다양화했다. 루키즘을 위한 투자는 신체자본의 일종이나, 야구선수의 팔, 피아니스트의 손처럼 신체의 기능이 아니라 순수한 외양에 투자한다는 의미에서 따로 '미학적 자본'이라 부를 수 있을 것이다. 이

것이 현대자본주의가 행사하는 루키즘의 생체공학이다.

칸트의 말대로 미에 대한 판단은 미감적 판단이다. 그것은 이성이 개입되기 이전에 즉각적으로 작용한다. 그리하여 루키즘의 문화 속에서 한 인간에 대한 판단은 그가 누구인지 알기도 전에 시각적, 인상적으로 결정된다. 이 판단은 논리로 제어할 수 있는 게 아니다. 미에 대한 판단은 논리적 판단이 아니라 미감적 판단이기 때문이다. 프리네 앞에서 힘을 잃는 법률과 도덕처럼, 아름다움 앞에서 상징계는 무력해진다. 선천적으로 운이 없고, 후천적으로 돈이 없는 이들에게 이처럼 우울한 일은 없을 것이다.

그 우울함 속에도 한 가지 위안이 있다면, 한 사람이 아름다운지 아닌지는 타인의 평가 못지않게 자기 평가에 좌우된다는 것이다. 자신의 외모에 주관적으로 자신감을 갖는 사람은 객관적으로 잘생긴 사람 못지않게 프리미엄을 누린다고 한다. 그러니 안 생긴 사람들이여, 세상 사람들이 뭐라 하든지 당신은 잘생겼다고 굳게 믿으시라. 성경의 말씀대로 "믿음은 바라는 것들의 실상이요 보이지 않는 것들의 증거니(《히브리서》, 11:1)." 아멘.

27

거울과 선풍기
—거울의 영원함을 위하여

　　자크 라캉의 이론 중에 '거울단계stade du miroir'라는 것이 있다. 동물과 달리 인간은 생후 6개월이면 이미 거울 속 모습이 자기 자신임을 인식한다. 물론 인간만 그런 능력을 가진 게 아니다. 다 자란 침팬지도 거울에 비친 모습이 자신임을 인식한다고 한다. 침팬지가 자기 모습을 알아보는지 어떻게 아는가? 이마에 몰래 물감을 묻혀두면 된다. 침팬지가 거울에 비친 제 모습을 보고 손으로 물감을 닦아내면, 거울 속의 존재를 자신으로 여긴다는 증거다.

오인으로서 정체성

　　하지만 침팬지와 인간의 아기는 거울 앞에서 각각 다른 행태를 보인다. 침팬지가 거울 속의 모습이 자신임을 깨닫자마자 거울에 모든 흥미

를 잃는 반면, 인간의 아기는 외려 그 놀이에 한없이 빠져든다는 것이다. 거기에는 이유가 있다. 유아는 자기 신체를 늘 부분으로만 지각할 수 있고, 그것을 제대로 통제하지 못한다. 즉 유아는 지각적sensory, 운동적motory으로 제 신체를 파편화된 것처럼 느끼게 된다. 하지만 거울을 보라. 거기에는 온전한 자아가 있잖은가.

라캉은 이 거울의 체험을 자아ego 형성에 본질적 요소로 간주한다. 유아는 자신을 거울 속의 완전한 모습과 동일시함으로써 '자아'를, 즉 자의식을 획득한다는 얘기다. 유아는 아직 지각적, 운동적으로 불완전하다. 따라서 유아가 자신을 거울 속의 완전한 상과 동일시할 때 그는 사실 상상계 속으로 들어가는 셈이다. 하지만 현실과 상상 사이에는 넘을 수 없는 간극이 있기에 이 동일시는 본질적으로 '오인méconnaissance' 일 수밖에 없다.

처음에 라캉은 거울단계를 발달심리학의 명제로 제시했다. 하지만 1950년대 이후 거울단계를 유아기만의 발생적 현상이 아니라 평생을 따라다니는 구조적 현상으로 다루기 시작한다. 거울단계의 극단적 예는 역시 그리스 신화에 나오는 나르시스narcissus. 그의 불행은 자기 인지의 순간, 즉 물에 비친 얼굴을 가리키며 "이게 바로 나Iste ego sum"라고 외칠 때부터 시작된다. 나르시스가 미남이라고는 하나, 그 잘생긴 외모도 물에 비친 이상적 자아에는 빗댈 수 없었던 모양이다.

디지털 나르시시즘

나르시스에게 연못이 있었다면 오늘날 디지털 대중에게는 셀프 카메라가 있다. 디지털 카메라로 찍은 자아의 사진은 포토샵을 비롯한 화상처리 프로그램을 거쳐 디지털 소비자에게 완벽한 상상계를 제시해준다. 인터넷에 올라온 '셀카' 사진과 실제 인물은 사실 얼마나 다른가? 이 불일치 앞에서 좌절을 겪는 것은 유아기 거울단계의 원체험에 속한다. 이 트라우마trauma를 극복하기 위해 유아는 결국 자신을 이미지와 동일시하게 된다. 어디 아기들만 그러겠는가?

이미지로 구성된 디지털의 자아, 즉 아바타avatar도 마찬가지다. 게임 속 캐릭터들은 현실에서는 불가능할 정도로 완벽한 능력을 갖추고 있다. 플레이어들은 저마다 이미지로 된 제2의 자아를 완벽으로 끌어올리는 일에 전념한다. 여기에도 현실과 이상 사이에 넘을 수 없는 괴리가 존재한다. 적어도 게임이라는 상상계 속에서 그의 자아는 완벽에 도달한다. 현실에서는 매일 상사에게 구박받는 '무대리'도 게임 속에서는 타인의 추앙을 받는 용맹한 전사가 될 수 있다.

　디지털 영상산업은 거울단계를 산업화한 것인지도 모른다. 이 산업의 동력은 물론 자신을 기꺼이 이상적 자아의 이미지와 동일시하는 대중의 '오인'이다. 신화 속의 나르시스는 제 모습에 사로잡혀 식음을 전폐한다. 현실에도 이런 극단적인 예가 존재한다. PC방에서 식음을 전폐하고 게임에 몰입하다 죽음을 맞는 이들은 현실의 무능과 상상의 전능의 괴리 앞에서 과감하게 후자를 선택한 디지털의 나르시스다. 신화 속에서 물가의 나르시스는 이렇게 말한다. "내게 죽음은 어렵지 않다. 죽음을 통해 내 고통을 덜 수 있으니까. 내가 원하는 것은, 사랑하는 저것(제 물그림자)이 오래 지속되는 것이다."

이미지로서 신체

　나르시스는 물에 비친 이미지가 영원하기를 빌며 "저것을 내 신체로부터 분리할 수 있다면…"이라 외쳤다. 현대인은 아예 신체 위에 영원한 이미지를 실현한다. 화장한 얼굴에서 메이크업의 두께는 초박막, 즉 현실과 상상을 가르는 얇은 막이다. '쌩얼'은 글자 그대로 앵프라맹스 inframince다. 20대 여성의 피부를 가진 어느 40대의 배우는 세안에만 무려 40분을 쓴다나? 이 노력으로 그는 얼굴에서 메이크업의 두께마저도

지웠지만, 그렇게 관리된 쌩얼도 실은 사진만큼 허구적인 것이다.

강남에 즐비한 성형외과들은 상상계의 의료산업이다. 미용성형은 현실의 얼굴을 거울이미지로 바꿔준다. 여기서 '동일시'는 심리적으로가 아니라 물리적으로 이루어진다. 어느 배우는 '신'이라 불리기 위해 하루에 삶은 고구마 한 쪽만 먹으면서 몸매를 만들었다고 한다. '신'으로 표상되는 이상적 이미지를 신체에 걸치기 위한 고행이라 할 수 있다. 상상이 현실을 지배할 때 신체는 거울이 된다. 오늘날에는 신체 자체가 이상적 이미지를 투사하는 스크린이 되었다.

이것은 죽음을 유예, 저지하는 전략이라 할 수 있다. 흥미로운 것은 이 전략이 정반대의 충동과 결합되어, 정반대의 결과를 낳는 경우다. 나르시스는 이미 다이어트 사망을 예고한다. 오늘날의 나르시스는 '거식증' 환자들이다. 거식증을 일으키는 심리적 기제는 무엇일까? 라캉이라면 동일시의 '욕망désir'이라 대답할지도 모르겠다. 요구의 상관자는 '대상'이기에 그 대상을 얻자마자 충족되나, 욕망의 상관자는 '결핍manque'이다. 이것은 결코 충족될 수 없다.

죽음의 충동

내가 정말로 궁금한 것은 한때 주목을 끌었던 '선풍기 아줌마'의 경우다. 그녀는 아름다워지려다가 실패하자 얼굴에 테러를 가했다. 그 행동이 비합리적이라고 말하는 것은 의미가 없다. 그녀가 그것을 몰랐겠는가? 중요한 것은 어떤 무의식이 선풍기 아줌마로 하여금 그 일을 반복하게 했는지 이해하는 것이다. 그녀는 제 얼굴에 테러를 가하는 식으로 트라우마틱한 상황으로 반복해서 되돌아가려 했다. 왜 그랬을까? 한 가지 가능한 해석은 프로이트가 말한 '죽음의 충동'과 관련이 있다는 것이다.

'쾌락의 원리'에 따르면 개인의 트라우마는 억지로라도 잊어야 할 끔찍한 상처다. 하지만 제1차 세계대전에서 돌아온 병사들은 꿈을 통해 반복해서 전쟁이라는 부정적 체험으로 돌아갔다고 한다. 왜 그랬을까? 프로이트는 여기서 '쾌락의 원리' 너머에 또 다른 충동이 존재한다는 사실을 알게 된다. '죽음의 충동'이 그것이다. 우리는 유기체이기 이전에 무기체였기 때문에, 생명으로 상승하려는 충동과 탄생 이전의 상태, 무기체의 상태로 되돌아가려는 충동이 나란히 존재한다는 것이다.

욕망의 상관자는 대상이 아니라 결핍이기에 결코 충족될 수 없다. 아무리 살을 빼도, 아무리 성형을 반복해도, 현실의 육체는 결코 상상의 이데아에 도달할 수 없다. 이 사실 앞에서 나르시스는 자신의 신체를 버리고, 거식증 환자는 먹기를 거부하고, 선풍기 아줌마는 자기 얼굴을 파괴했다. 현실의 몸으로 이상적 거울상에 도달할 수 없음을 깨달았을 때, 그들은 거울의 영원함을 위해 차라리 자신의 신체를 죽음의 충동에 내맡기기로 했던 것이 아닐까?

28

메스를 든 피디아스
—개성적 아름다움의 파괴

어느 배우가 미용성형을 통해 모 걸 그룹 멤버와 비슷한 얼굴로 거듭났다는 소식. 그러고 보니 생각나는 일이 있다. 언젠가 강남에 갔다가 거리의 병원이 죄다 성형외과라는 것을 발견하고 놀란 적이 있다. 흥미롭게도 그 병원들의 간판에는 죄다 영어로 'aesthetic (surgery)'이라고 적혀 있었다. '미학적 외과수술(미용성형)'? 이왕 그렇게 부르고 있다니, 이 현상을 미학적 관점에서 한번 다뤄보는 것은 어떨까?

담론의 이동

얼마 전만 해도 미용성형은 주로

'윤리적' 담론의 대상이었다. 물론 논란이 된 것은 몸에 칼 대는 것의
윤리성이 아니었다. 오늘날 '신체발부수지부모身體髮膚受之父母'라는 케
케묵은 글귀를 논증으로 들이댈 사람은 없을 게다. 언젠가 이 문제에 관
한 TV토론에서 마광수 교수한테 기선을 제압당한 적이 있다. "성형을
안 한 여자는 게으른 겁니다!" 이어서 결정타를 날린다. "진중권 씨, 꽤
진보적인 줄 알았는데 되게 보수적이시네요."

　　대중이라고 다르겠는가? 그들이 문제 삼은 것은 연예인의 정직성, 즉
'가짜 얼굴을 진짜 얼굴로 내밀지 않는 양심'이었다. 한동안 대중은 연
예인의 과거와 현재 사진을 비교해가며 성형 혐의자를 적발해내는 일
에 몰두했다. 적발된 연예인은 물론 대부분 혐의를 부인했으나, 가끔 자
수하여 광명 찾는 이도 있었다. 대중은 그의 고해성사를 들으며, 그 정
직성을 높이 사 그의 죄를 너그럽게 용서해주었다.

　　대중의 관용을 확인한 연예인들은 너도나도 고해성사의 대열에 끼어
든다. 하지만 감동도 반복되면 지루한 법. 고해의 감동이 진부해지자,
대중의 관심은 다른 데로 옮겨가기 시작한다. "누구의 성형은 성공했
고, 누구의 성형은 실패했고…" 이로써 미용성형은 (작품처럼) 미적 비
평의 대상이 된다. 하긴, 어차피 모두 가짜(?)라면, 가짜와
진짜 얼굴을 가리느니 차라리 성형의 미적 콘셉트

를 평가하는 게 낫지 않은가?

아름다움 너머의 정신성

현대의 성형외과 의사는 고대 그리스의 조각가와 비슷한 목표를 추구한다. '이상미의 구현'. 널리 알려진 것처럼 피디아스Phidias는 비너스상을 만드는 데 다섯 여인을 모델로 삼았다고 한다. 그 각각으로부터 가장 아름다운 부위를 취하기 위해서였다. 오늘날에는 대중매체의 스타들이 그 역할을 할 게다. 어차피 대중의 이상은 제 신체 안에 각 연예인의 가장 아름다운 부위를 통합시켜 미의 이데아에 도달하는 게 아닌가.

하지만 엄밀히 말해 성형외과 의사와 고대의 조각가가 추구하는 미적 이상이 동일한 것은 아니다. 고대의 조각상이 '아름답다schön'면, 현대의 생체 조각들은 '예쁘다niedlich'. 고대의 조각상은 실은 그리 예쁘지 않다. 육체의 아름다움 너머로 '정신성'이 드러나기 때문이다. 이 숭고한 정신성을 연출하려고 고대의 조각가들은 신상의 이마에서 콧날로 이어지는 선을 일직선으로 만들었다.

고대의 장인들이 추구하던 '정신성'은 오늘날의 맥락에서 '성격', '지성', '감성'과 같은 것을 의미할 게다. 아무리 기술이 발달했다 하더라도, 성형외과 의사들이 메스mes로 이런 정신적

속성까지 연출할 수는 없을 게다. 외려 성형을 통해 인물이 원래 가진
이 정신적 속성들마저 사라지는 경우도 종종 있다. 성형을 한 얼굴이 확
실히 예쁘기는 해도 종종 맹해 보이는 것은 이와 관련이 있을 게다.

미는 개념이 아니다

칸트에 따르면, 예술은 인공의 산물이지만 마치 자연의 산물처럼 보
여야 한다. 최근에는 성형수술 역시 매우 자연스러워졌다. 하지만 인공
적 느낌이 완전히 사라진 것은 아니다. 성형한 가슴, 눈, 얼굴을 웬만큼
눈썰미가 있는 사람은 금방 알아채기 때문이다. 물론 기술이 발전하고
있으니 성형한 신체는 날로 자연스러워질 것이다. 하지만 발달하는 것
은 기술만이 아니다. 자연과 인공의 차이를 보는 대중의 눈썰미 또한 날
로 예리해져갈 게다.

개념적인 문제도 있다. 성형수술이 일종의 기술이라면, 거기에는 당
연히 '기술적으로 적용 가능한 미의 기준'이 사용될
것이다. 이 경우 '미'는 객관적 술어로 정의할 수

있는 일종의 '개념'이 될 것이다. 실제로 17세기 고전주의자들은, 가령 수학에서 삼각형을 정의하듯이, 미를 객관적으로 정의할 수 있다고 믿었다. 하지만 18세기 이후에 상식으로 통하는 것은 "미는 개념이 아니"라는 칸트의 명제다.

칸트에 따르면, 미의 정의는 미리 주어지지 않는다. 미가 먼저 주어진 후에 사후적으로 추출될 수 있을 뿐이다. 성형외과 의사들이 수술에 사용하는 미의 기준은 그렇게 현존하는 미인들의 신체에서 사후적으로 추출해낸 미의 법칙일 게다. 그것을 사용하면, 물론 평범한 얼굴도 꽤 예뻐질 수 있을 게다. 하지만 이 경우 이미 존재하는 아름다움에 '사후적으로' 근접할 수 있을 뿐, 참신하게 예쁜 얼굴을 만들어낼 수는 없다.

일탈의 아름다움

미는 개념이 아니기에, 아무리 '미의 법칙'을 추출한다 해도 온전한 아름다움에 도달할 수 있는 것은 아니다. 심지어 미를 개념으로 착각했던 고전주의자들마저도 "아무리 합리적으로 설명해도 미에는 항상 설명할 수 없는 뭔가가 남는다"고 말했다. 그 플러스알파를 그들은 'je ne sais quoi(나도 뭔지 모르겠다)'라 불렀다. 정보이론의 관점에서 그 플러스알파를 '엔트로피entropy'로 설명할 수 있을지 모르겠다.

가령 수학책에 실린 삼각형은 어딘지 딱딱한 반면, 작품 속의 삼각형은 생기 있게 느껴진다. 왜 그럴까? 삽화로서 삼각형에는 오차가 없어야 하지만, 작품으로서 삼각형에는 오차가 있기 마련이다. 이 '오차', '일탈'이 외려 삼각형에 매력을 준다. 고대부터 장인들은 이 원리를 건축에 적용해왔다. 가령 그리스 신전의 기둥은 완전한 직선이 아니라, 3분의 1지점에 배흘림이 있다. 이 일탈이 기둥을 생기 있게 만들어준다.

얼굴도 마찬가지가 아닐까? 일반적으로 대칭을 이루는 얼굴을 아름답다고 하나, 거기에도 정도가 있다. 가령 자신의 얼굴 사진을 좌우 반으로 가른 뒤 그중 한쪽(가령 왼쪽) 얼굴을 역상으로 만들어 오른쪽에 갖다 붙여보라. 얼굴은 완전히 대칭을 이룰 것이나, 매우 기괴해 보일 것이다. 얼굴은 살짝 비대칭일 때 매력적으로 느껴진다. 자연스러운 아름다움의 비밀은 (규칙으로부터의) '일탈'에 있다.

개성에서 평균치로

문제는 성형수술의 과정에서 종종 이 매력 포인트가 제거된다는 것이다. 살짝 튀어나온 입, 옆으로 퍼진 턱 등은 '일반적으로' 미적 규칙으로부터 일탈한 것으로 여겨 시술의 대상이 된다. 하지만 칸트의 말대로 미는 개념이 아니기에 '일반적'인 것이 아니다. 가령 큰 눈도 어떤 얼굴에서는 흉하게 보이고, 작은 눈도 어떤 얼굴에서는 매력적으로 보인다. 아름다움, 특히 얼굴의 아름다움은 일반화하기 힘든 지극히 '개별적' 현상이다.

 하지만 얼굴을 이른바 미의 '일반적 규칙'에 가깝게 가져갈 때, 개별적 특성(일탈)은 간단히 제거되고 만다. 그 결과는 때로 파멸적이다. 원래의 얼굴에 존재하던 질서와 무질서의 섬세한 균형이 깨지기 때문이다. 미용성형이 아무리 발달해도, 개개의 얼굴에 각자 다르게 존재하는 이 섬세한 균형을 과학적, 기술적으로 규정할 수 있다고 믿기는 어렵다. 거리에서 개성 없이 획일적인 얼굴들과 자주 마주치는 것도 그 때문일 게다.

 '평균적' 아름다움 속에서 성격의 아름다움, 인격의 아우라 aura를 찾기란 물론 불가능한 일이다. 우리 얼굴이 가진 '개성'은 자연이 프로그래밍한 것이다. 하지만 내가 보기에 미용성형은 미학적으로는 아직 17세기 고전주의 단계에 있는 듯하다. 그러지 않아도 아름다운 연예인이 선뜻 미용성형에 제 얼굴을 맡기는 것을 보면 아찔한 느낌이 든다. 톱과 망치로 뇌천공 수술을 하던 17세기의 수술실을 보는 느낌이랄까?

신체는 전쟁터
—미용성형의 정치학

〈너의 신체는 전쟁터다〉. 미국의 예술가 바바라 크루거_{Barbara Kruger}는 이 유명한 작품을 통해 신체의 정치학을 부각시킨 바 있다. 원래 이 작품은 여성의 출산선택권을 주장하는 페미니즘 캠페인과 관련이 있다고 한다. 크루거의 작품들은 크게 세 가지 주제를 중심으로 맴도는 듯하다. 신체의 정치성("당신의 신체는 전쟁터다"), 응시의 권력("당신의 응시가 내 옆 얼굴을 때린다"), 상품시장의 논리("나는 쇼핑한다, 고로 존재한다")가 그것이다. 이 세 가지 관점을 그대로 미용성형에 관한 담론에도 적용할 수 있을 것이다.

오를랑의 성녀

프랑스의 작가 미레이유 수잔 프랑세트 포르트Mireille Suzanne Francette Porte는 세간에 '오를랑Orlan'이라는 이름으로 더 널리 알려져 있다. 그것은 〈성 오를랑의 환생The Reincarnation of Saint-Orlan〉이라는 제목으로 실행한 엽기적(?) 퍼포먼스 덕분이다. 그녀는 1990년부터 창작의 일환으로 모두 아홉 차례에 걸쳐 미용성형 수술을 받았으며, 그때마다 자신의 수술 장면을 촬영하여 세계의 유수의 갤러리에서 공개했다. 마취 상태에서도 맨 정신을 유지한 채 메스로 째어진 자신의 신체를 바라보며, 수술대 위에서 라캉의 텍스트('거울단계')를 읽었다.

퍼포먼스의 목적은 남성 화가들이 묘사한 여성미의 이상에 도달하는 데에 있었다. 이를 위해 오를랑은 보티첼리S. Botticelli의 비너스로부터 턱을, 장 레옹 제롬Jean-Léon Gérôme의 프시케로부터 코를, 프랑수아 부셰François Boucher의 유로파로부터 입술을, 퐁텐블로Fontainebleau 화파畵派의 디아나로부터 눈을, 그리고 다빈치Leonardo da Vinci가 그린 모나리자의 이마를 빌려왔다. 계획된 수술들을 다 마치면, 적어도 이론적으로는 이 미녀들의 신체를 종합한 아름다움을 갖게 될 것이다. 하지만 사진으로 보건대, 수술의 결과는 이 이론적 이상과 전혀 거리가 멀었다.

거기에는 이유가 있다. 명화 속에서 신체 부위를 따올 때, 오를랑은 미녀들의 외모보다는 정신적 분위기에 더 주목했다. 따라서 그 부위들이 자기 얼굴 위에서 서로 어울리는지 여부는 그리 중요하게 생각하지 않았던 것이다. 나아가 '결과'보다는 '과정'을 중요시하는 게 현대예술의 특징이다. 오를랑이 수술 전 과정을 촬영하여 공개한 것은 그와 관련이 있다. 수술 과정 자체가 작품의 일부였기에, 오를랑은 물론이고 메스를 든 의사들도 특수한 옷차림으로 마치 무대 위에서 공연을 하듯이 수술을 해야 했다.

신체는 전쟁터

왜 이런 퍼포먼스가 필요했을까? 퍼포먼스와 함께 발표한 선언에서 ('육욕예술선언Carnal Art Manifesto') 오를랑은 자신의 예술을 "기술의 가능성을 통해 실현된 자화상"으로 규정한다. 고대 조각가들이 예술을 통해 미의 이상에 도달했다면, 오늘날 대중은 기술을 통해 이상적 신체에 도달하려 한다. 신체는 더 이상 고전적 의미에서 기성품이 아니다. 테크놀로지의 발달로 오늘날 그것은 "수정되는 기성품modified ready-made"이 되었다. 끝없는 변형과 이행의 과정 속에 놓여 있는 유목적 신체라고 할까?

오를랑은 자신의 퍼포먼스가 "공적 논쟁의 장소가 된 신체의 스펙터

클과 담론에 관심이 있다"고 말한다. 여성의 신체에 칼을 대는데에는 당연히 정치적 차원이 존재한다. 특히 페미니스트들에게 미용성형은 남성의 권력을 마침내 여성의 신체에까지 각인시키고 개입시키는 행위일 것이다. 오를랑에 따르면, "육욕적 예술은 여성주의적이어야 한다." 하지만 이 명시적인 고백에도 불구하고 성형수술 자체를 용인한다는 점에서 그녀의 퍼포먼스는 정통 페미니스트들에게 비판의 대상이 되기도 한다.

그러나 육체를 있는 그대로 보존하자는 주장은 여성주의의 전유물이 아니다. 가령 "여자는 역시 자연산이 예쁘다"고 했다가 구설수에 오른 어느 정치인의 의식이 특별히 여성주의적으로 보이지는 않는다. 따라서 미용성형을 부정하느냐 긍정하느냐로 여성주의 여부를 판단해서는 안 될 것이다. 신체를 '만들어지는 것 factum'이 아니라 '주어진 것datum'으로 간주하는 태도 역시 어떤 관점에서는 보수적일 수 있기 때문이다. 마광수 교수가 나보고 "보수적"이라 했던 것은 이와 관련이 있을 것이다.

응시의 문제

남성이 표상하는 여성의 이미지는 분열적이다. 그것은 마리아(성녀)와 막달라 마리아(창녀)의 두 극단으로 이루어져 있다. 남성주의적 태도는 "자연산" 밝히는 전직

여당 대표처럼 여성들에게 미용의 욕망을 포기하라고 요구할 수도 있다. 반면, "야한 여자" 밝히는 대학교수처럼 성형을 해서라도 내 눈을 즐겁게 해달라고 요구할 수도 있다. '육욕적 예술'이라는 명칭에서 알 수 있듯이 오를랑은 아름다워지려는 육체의 욕망은 긍정하나, 그렇다고 해서 그가 무작정 남성의 시각에 투항을 하는 것은 아니다.

중요한 것은 역시 수술을 받는 자신의 신체를 과연 누구의 눈으로 바라보느냐 하는 것. 섹스어필을 목적으로 한 미용성형의 경우, 응시gaze 의 주체는 물론 남성이다. 즉 그때 미용성형은 남성이 보기에 좋도록 여성의 신체에 고통을 가하는 것을 의미하게 된다. 물론 이 고통을 통해 여성의 신체는 타고난 원죄(?)를 씻고 깨끗이 정화된다. 이 종교적(?) 패러다임에 빠지지 않기 위해 오를랑은 일단 성형수술에서 고통을 제거하려 한다. "모르핀 만세Vive la morphine!", "타도 고통A bas la douleur!"

그렇다고 그가 '여성주의적' 신체의 아름다움을 실현하려는 것도 아니다. 그에게 중요한 것은 "성형수술의 결과가 아니라 과정"이다. "내 신체가 잘려서 열리는 것을 고통 없이 관찰할 수 있다! 나 자신을 내장까지 들여다볼 수 있다. 새로운 단계의 응시." 오를랑은 수술대 위에 오른 자신의 신체를 냉정하게 바라본다. 그가 말하는 "새로운 단계의 응시"는 발터 벤야민이 외과 의사의 수술에 비유한 카메라 렌즈의 시각을 연상케 한다. 그것은 여성의 신체가 수술대에 오르는 현상을 바라보는 편견 없는 시각이다.

상품으로서 신체

"육욕적 예술은 미용성형에 반대하지 않는다. 그것이 반대하는 것은 미용성형을 지배하는 표준들이다." 미용성형이 표준화되어 있다는 것은, 그것을 통해 생산되는 신체가 이미 상품이 되었다는 것을 의미한다. '표준화'는 기술복제로 이루어지는 자본주의적 생산의 본질에 속하기 때문이다. 물론 "이는 여성의 신체만이 아니라 남성의 신체도 해당되는 말이다." 우리 사회에서도 미용성형은 더 이상 여성의 전유물이 아니다. 취업을 위해서 때로 남성도 고객이 보기에 좋도록 제 신체에 칼을 대야 한다.

아홉 차례에 걸친 오를랑의 반복적 성형을 '억압된 것의 반복적 회귀'라는 강박증의 증세와 연관시키는 시도도 있다. 마치 해골을 보는 듯한 마이클 잭슨Michael Jackson의 문드러진 코는 그 가설을 입증해주는 듯이 보인다. 하지만 그것은 '사死 충동'의 산물이라기보다는 실패한 기술의 결과에 가깝다. '선풍기 아줌마'처럼 극단적인 경우가 아니라면, 비록 칼로 신체를 파괴(?)하는 것이라 해도, 반복적 성형의 욕망은 아래('죽음')를 향한 충동이 아니라, 어디까지나 위('이상적 신체')로 올라가려는 충동으로 보인다.

물론 '의식은 이상적 신체를 목표한다 해도 무의식은 신체에 반복적으로 칼을 대는 것을 욕구한다'고 주장할 수도 있을 게다. 하지만 그 경우에조차도 반복적인 성형은 고전적 강박증과는 다르다. 사회 속에서 억압되기는커녕, 외려 자본과 기술에 의해 적극 권장되기 때문이다. 오늘날 반복적으로 회귀하는 욕망은 더 이상 억압된 것이 아니다. 욕망의 영겁회귀는 오늘날 차라리 자본이 순환하는 정상적인 방식이 되었다. 모르핀에 취한 성/창녀 오를랑의 신체는 그것을 증언한다.

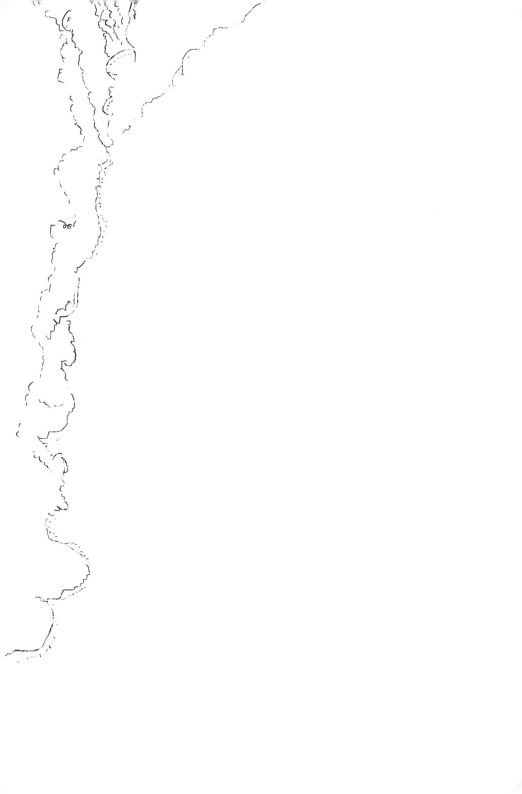

고인 물은 썩는다고 했다. 자신의 학벌이나 재력에 도취된 사람, 남의 의견에 귀 기울이지 않고 자기 의견만 내세우는 사람은 고인 물이나 다름없다. 정지한 인간이기 때문이다. 인간은 더 창조적이고 더 예민해질 수 있다. 제자리에 멈추는 건, 이 모든 기회를 무시한 채 주저앉는 셈이다. 감각을 다듬고, 창조의 가능성을 온몸으로 느껴야 한다.

발롯 체험
―기관 없는 신체의 창조적 역행

어느 나라에나 외국인들이 먹기 힘들어하는 음식이 있다. 필리핀에는 '발롯balut'이라는 게 있는데, 놈의 정체는 부화하다가 만 반半병아리 상태의 달걀을 삶은 것이다. 지난번에 드디어 길바닥에서 놈을 먹어볼 기회를 가졌다. 먹는 법은 간단하다. 달걀 꼭대기를 깨서 구멍을 내고, 그리로 소금과 소스를 넣어 먼저 액즙을 마신 후, 이어서 껍질을 까서 나머지 고형물을 씹어 먹는 것. 먹다 보면 씹기 힘든 딱딱한 부분과 마주치게 되는데, 내 생각에는 아마도 태반 역할을 하는 부위인 것 같다. 맛은 사실 삶은 달걀과 거의 비슷하나, 씹는 느낌이 다르다.

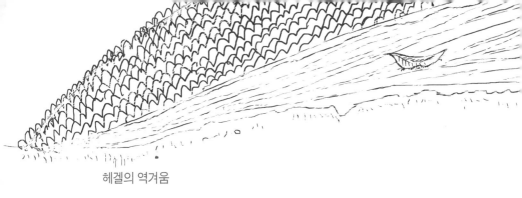

헤겔의 역겨움

사람들은 아무 거리낌 없이 달걀을 먹고 치킨을 먹으면서, 왜 유독 발롯에 대해서만 거부감을 느끼는 걸까? 200년 전에 되게 할 일 없는 어느 철학자가 이런 문제에 대해서까지 심오한 철학적 성찰을 내놓은 바 있다. 그 철학자는 독일관념론의 대가 헤겔. 그는 개구리나 올챙이와 달리 그 둘의 중간, 즉 다리와 꼬리가 동시에 달린 놈은 왜 혐오스럽게 느껴지는지 묻는다. 이어서 대답하기를, 그놈이 온전히 개구리의 규정에도, 그렇다고 온전히 올챙이의 규정에도 부합하지 않기 때문이란다. 헤겔이라면 아마 발롯에 대한 거부감 역시 같은 방식으로 설명했을 게다.

이는 헤겔의 《미학 강의》에 등장하는 예다. 헤겔의 미학에 따르면, 어떤 것이 아름다운 것은 그것이 자신의 '이념(규정)'에 가장 잘 합치하기 때문이다. 제 이념을 가장 잘 보여주는 놈, 가령 말을 예로 들자면, 말 중에서 가장 말다운 놈이야말로 아름답다는 얘기다. 반면 말의 이념을 충분히 보여주지 못하는 놈(가령 비루먹은 말)은 아름답지 못하다. 때로 아예 합치해야 할 이념이 마땅찮은 것들도 있다. 예를 들면 '아직 개구리가 아니나 이미 올챙이도 아닌 것', '아직 병아리가 아니나 이미 달걀도 아닌 것' 등이다. 그런 대상에 대해서는 아예 혐오감을 느끼게 된단다.

이런 설명의 바탕에는 '존재는 생성에 우선한다'는 생각이 깔려 있다. 가령 달걀이 병아리가 된다고 할 때, 헤겔이 선호하는 것은 두 개의 명사, 즉 '달걀'과 '병아리'다. 그가 못 참는 것은 그 둘의 중간, 즉 '된다'는 동사가 지배하는 구간이다. 생명의 활동에서 가장 본질적인 변화가 일어나는 이 구간을 정작 헤겔은 혐오스럽게 여긴다. 여기서 우리는 모든 사물을 확립된 정체성('이념') 안에 묶어놓지 않으면 불안해하는 강박을 엿보게 된다.

존재에서 생성으로

이도 저도 아닌 존재는 '언캐니uncanny'하다. 그것에 대한 헤겔의 거부감은 이해할 만하다. 그것은 거의 자연적 본능에 가까운 반응이다. 하지만 그런 중간적 존재를 아무렇지도 않게 받아들이는 문화도 있잖은가. 필리핀 사람들은 발룻에 전혀 혐오감을 느끼지 않는다. 외려 그것을 달걀보다 더 좋아한다. 따라서 생성의 단계에 있는 중간적인 존재에 대한 혐오는 자연적 현상이 아니라 사회적 현상일 것이다. 그러니 이참에 헤겔의 발상을 뒤집어보는 건 어떨까? 마치 마르크스가 유물론적 변증법을 얻기 위해 헤겔을 물구나무 세운 것처럼.

아무리 변증법적 '운동'을 강조한다 해도, 헤겔은 결국 '존재'의 철학자다. 그에게 '생성'이란 '아직 덜 된 존재'일 뿐이다. 하지만 관점을 뒤집어볼 수도 있을 것이다. 가령 '생성'을 '되다가 만 존재'로 규정할 게 아니라, 외려 '존재'를 '활동하다 멈춘 생성'이라 부르는 거다. 한마디로, 존재를 생성의 우위에 놓는 태도에서 벗어나 생성을 존재보다 더 근원적 사건으로 바라볼 수는 없을까? 철학에서 이는 곧 플라톤주의에서 니체주의로 사고를 전환하는 것을 의미한다. '포스트post'라는 접두사를 달고 1980~1990년대를 풍미했던 철학들이 한 일이 바로 그 작업이었다.

실은 발롯을 먹으면서 속으로 '피식' 웃음이 나왔다. 발롯의 내부는 '계란 반(액즙)+병아리 반(고형물)'의 상태. 이것이 그만 들뢰즈의 '기관 없는 신체corps sans organes'를 연상시켰기 때문이다. 기관 없는 신체에선 각 기관들이 자유로이 횡단하고 교차한다. 그것들의 역할이 아직 확정되지 않았기 때문이다. 거기에선 입이 항문의 역할을 한다. 귀가 색을 보고, 눈이 소리를 듣고, 입이 냄새를 맡는다. 랭보A. Rimbaud는 소리에서 색깔을 보았고, 칸딘스키W. Kandinsky는 형태에서 소리를 들었다고 한다. 이 공감각의 능력은 그들의 몸 한구석에 아직 기관 없는 신체가 남아 있음을 의미한다.

기관 없는 신체

기관 없는 신체는 일종의 존재미학으로 제기된 것이다. 사회는 개인에게 하나의 정체성을 가지라고 요구한다. 개인은 사회라는 거대한 신체 속에 하나의 기관(직업 혹은 역할)으로 명료하게 분절되어야 한다. 그렇지 못한 자는 '아무짝에도 쓸데없는 자'일 뿐이다. 이 점에 관한 한 전통적 좌파나 우파나 차이가 없다. 이른바 '포스트'의 담론이 겨냥하는 것이 바로 근대라는 시대의 쌍생아가 공유한 그 공통의 지반이다. 여전히 사회를 기계에 비유해야 한다면, 기계에 대한 관념을 산업혁명적인 것에서 생명공학적인 것으로 바꿀 필요가 있지 않을까?

들뢰즈는 항상 생성의 상태로 존재하라고 요청한다. 즉 이미 분화를 마친 하나의 기관으로 만족하지 말고, 그 어떤 기관으로도 분화할 수 있는 잠재성의 상태로 자신을 유지하라는 얘기다. 이미 하나의 정체성으로 분화를 마친 신체를 다시 모태 속의 태아로 되돌리는 것은 퇴행일지도 모른다. 하지만 그것이 더 큰 창조의 원천이 될 수도 있다. 가령 70여 개의 서로 다른 인물이 될 수 있었던 페소아F. Pessoa를 생각해보라.

그야말로 인간 줄기세포가 아니었던가. 기관 없는 신체로 돌아가는 것은 진화론적 퇴화가 아니다. 들뢰즈는 그것을 '창조적 역행'이라 부른다.

헤겔의 눈에 올챙이+개구리가 징그럽게 보이고, 이방인의 눈에 달걀+병아리가 역겹게 보이듯이, 자신을 기꺼이 정체성으로 분화시킨 신체들은 정체성 없는 신체에 거부감을 느낄 것이다. 그 거부감은 때로 적대감으로 이어지기도 한다. 그런 이들에게 아예 기관 없는 신체가 되라는 들뢰즈의 요구는 스튜디오에 외국인 데려다가 억지로 발롯을 먹이는 만행(필리핀에선 이 방송의 인기가 높단다)과 비슷할지 모르겠다. 세계를 바꾸려는 이들도 제 신체를 바꾸기란 어려운 일이다. 눈 딱 감고 발롯을 씹어 삼키는 고역 따위와는 애초에 비교가 되지 않을 게다.

이렇게 반박할지 모르겠다. "아무리 '생성'이니 '잠재성'이니 떠들어도, 달걀의 가능성은 단 하나, 닭이 되는 것이다. 발롯이 되지 않았다면, 그 달걀은 부화하여 결국 닭이 되었을 것이다." 사실 모든 비유는 불완전하기 마련. 그런 의미에서 약간 수정을 하자면, '기관 없는 신체'란─결국 닭이 된다 하더라도─상황에 따라 70여 가지의 서로 다른 개체로 변신하는 닭일 것이다. 혹은 동일한 알에서 때로는 닭이, 때로는 참새가, 때로는 악어가, 때로는 공룡이 나오는 그런 경우에 가깝다고 할까? 올챙이에게서 영감을 얻은 헤겔처럼, 나도 발롯 먹으며 되게 할 일 없어 봤다.

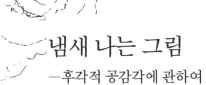

냄새 나는 그림
―후각적 공감각에 관하여

젊은 시절 칸딘스키는 모스크바 대극장에서 바그너W. R. Wagner의 오페라 〈로엔그린〉을 보다가 결정적 체험을 한다. 새로운 관현악 속에서 "나는 정신 속에서 내가 가진 모든 색을 보았다. 바로 눈앞에서 광폭한 선들이 거의 광기에 가까운 드로잉을 이루었다." 이렇게 음향에서 색채를 보는 능력을 '공감각synesthesia'이라 부른다. 역시 공감각을 지녔던 파울 클레Paul Klee는 1930년대에 화폭 위에 형과 색으로 푸가를 작곡(?)한 바 있다. 작곡가 스크랴빈A. N. Skryabin은 〈프로메테우스〉의 총보 아래에 음향과 함께 투사되어야 할 빛들의 기호를 적어놓은 바 있다.

냄새 나는 그림

칸딘스키는 공감각에 기초하여 회화의 화성학을 만들려고 했다. "색

은 영혼에 직접적인 영향을 미치는 수단이
다. 색은 피아노의 건반이요, 눈은 줄을 때리는 망
치요, 영혼은 여러 개의 선율을 가진 피아노다." 그의 저서
에는 심지어 색채가 미각으로 전이되는 예도 언급되어 있다. "드레스덴
의 한 의사의 보고에 따르면, 어느 환자는 일정한 소스에서 언제나 푸른
미각을 맛보았다고 한다." 하지만 거기에서도 색채와 후각의 공감각에
관한 언급은 별로 없다. 그저 "우리는 '향기로운 색'이란 표현을 자주
접한다"는 전언뿐.

　색채로 후각을 전달할 수 있을까? 회화로 직접 냄새를 묘사할 수는
없는 일이나, 우회로가 전혀 없는 것은 아니다. 《철학하는 예술》에서 미
국의 미학자 아서 단토Arthur C. Danto는 회화로 냄새를 표현한 최초의 예
들을 언급한다. 가령 르네상스 초기 조토Giotto di Bondone의 그림 중에는
예수가 죽은 나사로를 되살리는 장면을 담은 게 있다. 성경에 따르면,
그때 예수에게 마르타가 이렇게 말한다. "주여, 그가 죽은 지 나흘이 지
났기 때문에 지금쯤 몸이 썩어 냄새가 날 것입니다." 여기서 화가는 '불
가능한 임무'를 떠안게 된다.

　조토는 이 과제를 간접적인 방식으로 해결했다. 그의 그림 속에서 한
여인은 코를 막고 서 있고, 또 다른 여인은 베일을 끌어 올려 코와 입을
가리고 있다. 조토 외에도 이 시기에 냄새를 묘사한 이들은 많았지만,
시간이 지날수록 후각의 묘사는 사라진다. 가령 같은 장면을 묘사한 카

라바조Caravaggio의 작품에선 전혀 냄새가 나지 않는다. 단토는 그 이유를 성서가 화가들에게 "덜 억압적으로 여겨지게 되었기 때문"이라 추정한다. 하지만 노베르트 엘리아스Norbert Elias에 따르면 후각의 배제는 문명화 과정에 따르는 일반적 현상이라고 한다.

후각적 공감각

하지만 조토의 그림은 아직 공감각이라고 하기 어렵다. 그저 간접적 방식으로 냄새를 암시하는 것에 불과하다. 냄새를 이보다 좀 더 직접적으로 묘사할 수는 없을까? 청각적auditory 공감각의 예가 힌트가 될지 모르겠다. 우리는 소리를 내는 회화의 탁월한 예를 알고 있다. 가령 뭉크의 〈절규〉를 생각해보라. 그 그림을 보면 정말로 절망에 빠진 사람의 입에서 흘러나오는 날카로운 비명소리가 생생하게 귀에 들리는 듯하다. 뭉크가 했던 방식으로 보는 이의 코에 냄새를 풍기는 그림은 없을까?

그런 후각적olfactory 공감각의 뛰어난 예를 아마도 17세기 네덜란드의 정물화에서 찾아볼 수 있을 것이다. 발달한 무역과 더불어 일찍부터 자본주의적 소유욕을 긍정했던 네덜란드에서는 (부르주아의 '소유물'이 될 수 있는) 물건을 그린 정물화가 유행했다. 그중에는 물론 굴, 장어, 오징어, 청어, 가오리, 고등어 등 생선을 그린 것도 있다. 광학적 정밀성에 가까운 놀라운 자연주의 덕분에, 그 그림들 속의 생선은 촉촉한 광도를 통해 신선함을 뿜어내며 보는 이로 하여금 코끝에 싱싱한 비린내를 전달한다.

네덜란드의 정물화가들이 회화로 냄새까지 묘사할 의도가 있었던 것 같지는 않다. 반면, 현대의 화가들은 회화를 시각의 감옥에서 해방시키기 위해 의식적으로 공감각을 추구한다. 가령 미래주의자들은 그림 안에 기계문명의 속도감은 물론이고, 대도시의 소음과 냄새까지 담으려 했다. 아일랜드의 화가 프랜시스 베이컨Francis Bacon은 그림 속에 촉각, 청각, 후각, 미각을 통합하려 했다. 들뢰즈가 《감각의 논리》를 쓸 때 베이컨의 작품을 모델로 삼은 것은 그 때문이다. 전후 프랑스의 앵포르멜informel의 회화 역시 촉감('마티에르matiere') 외에 때로 후각적 느낌을 준다.

후각의 예술

모든 예술은 시각, 청각, 아니면 시청각의 예술이다. 미각, 후각, 촉각의 예술은 존재하지 않는다. 예로부터 시각이나 청각은 정신이나 영혼에 가까운 반면, 다른 감각은 신체에 가깝다고 여겼기 때문이다. 물론 요리를 미각예술로, 직조술을 촉각에

술로, 향수제조를 후각예술로 받아들이자는 엉뚱한 주장이 없지는 않았지만, 이 제안을 미학계에서 그리 진지하게 받아들이지는 않았다. 하지만 파트리크 쥐스킨트Patrick Süskind의 소설 《향수》에는 정말로 향수제조를 예술의 경지로 끌어올린 장인의 얘기가 나온다. 천부적인 후각을 갖고 태어난 그루누이다.

어떤 연구에 따르면 남녀 간의 호오를 결정하는 데 실은 냄새가 가장 중요한 역할을 한다고 한다. 소설에 따르면 냄새의 천재인 주인공의 몸에서는 정작 아무 냄새도 나지 않았다고 한다. '아기 냄새'가 나지 않는 아기란 얼마나 끔찍한가. 그리하여 그루누이는 어린 시절부터 타인들에게 본능적 혐오감을 품게 만들었다. 소년 그루누이는 그렇게 세상에 혼자 버려진 듯 외롭게 자라, 훗날 범죄적으로 천재적인 향수제조자가 된다. 소설에서 가장 인상적인 대목은 아마도 어린 그루누이가 '나무'라는 낱말의 뜻을 배우는 장면의 묘사이리라.

"등을 창고 벽에 기댄 채 장작더미 위에 다리를 쭉 뻗고 앉은 그는 눈을 감은 채 꼼짝도 않고 있었다. 그는 보지도 듣지도 만지지도 않았다. 단지 아래로부터 퍼져 올라오다가 뚜껑에 덮인 것처럼 지붕 밑에 갇혀서 그를 감싸고 있는 나무 냄새를 맡을 뿐이었다. 냄새를 들이마시고 그 냄새에 빠져 자신의 가장 내밀한 땀구멍 깊숙한 곳까지 전부 나무 냄새로 가득 채운 그는 그 스스로가 나무가 되어버렸다. 그러고는 나무인형, 피노키오가 된 것처럼 그 장작더미 위에 죽은 듯이 앉아 있었다. 그러고는 한참 뒤, 거의 30분이 지나서야 비로소 그 말을 내뱉었던 것이다. '나무.'"

미메시스

우리가 시각이나 청각을 통해 사물의 이름을 배운다면, 그루누이는 후각을 통해 사물의 이름을 배운다. 카멜레온이 자신의 몸 색깔을 주위 환경과 완전히 동화하듯이, 나무의 냄새를 맡는 동안에 그루누이는 스스로 나무인형이 된다. 스스로 나무가 되어버림으로써 그는 '나무'라는 낱말의 진정한 의미를, 그 냄새의 현상학적 충만함 속에서 신체로 배운다. '그루누이의 피노키오-되기.' 이 존재론적 닮기를 '미메시스'라 부른다. 미메시스는 문명화의 과정 속에서 인간이 예민한 후각과 더불어 잃어버려야 했던 가장 중요한 원시적 능력이다.

영화 역시 시각과 청각의 예술이다. 하지만 영화도 종종 공감각을 사용한다. 물론 4D 영화라는 이름으로 좌석을 흔들거나 객석에 연기를 분사하는 유치한 방식을 말하는 게 아니다. 가령 〈라이언 일병 구하기〉의 노르망디 상륙 장면, 〈패션 오브 크라이스트〉에서 예수를 향한 채찍질, 특히 〈블랙 호크 다운〉은 거의 '쇼크'에 가까운 강렬한 촉각적 효과를 주지 않던가. 이 '시청각의 촉각-되기'도 감각들 사이의 미메시스라 할 수 있다. 영화로 후각의 효과를 내려면 어떻게 해야 할까? 〈향수〉를 영화화한 작품에서는 유감스럽게 냄새가 나지 않았다.

감각의 히스테리
—말미잘의 촉수처럼 민감한

특정한 사물을 과도하게 사랑하거나 병적으로 혐오하는 특이한 체질을 가진 이들이 있다. 듣자 하니 카이사르J. Caesar는 고양이 울음소리를 역겨워했고, 폴 발레리Paul Valéry는 비둘기가 구구거리는 소리를 혐오했다고 한다. 괴테는 손으로 편지 쓰는 데에 몸서리를 쳤고, 르네 마그리트는 기름 냄새에 경기를 일으켰다. 프리드리히 실러는 새가 날개를 푸덕거리는 소리를 극도로 싫어했지만, 이상하게도 썩은 사과의 냄새는 병적으로 좋아했다. 롤랑 바르트Roland Barthes는 뚜렷한 이유 없이 바로크 음악을 극도로 혐오했고, 아도르노T. Adorno 역시 과도할 정도로 재즈 뮤직에 거의 본능적인 반감을 드러내곤 했다.

체액의 독특한 혼합

멀쩡한 것을 역겨워하고 역겨운 것을 선호하는 이 괴팍한 성벽을 가리키는 낱말이 존재한다. 종종 신체의 과민반응을 동반하는 이 괴상한 체질을, 예로부터 독일인들은 '이디오진크라지idiosynkrasie'라 불러왔다. 우리말로 옮기자면 '개인성벽'이라 해야 할까? 아무튼 원래 그리스어 '이디오신크라시아(ἰδιοσυνκρασία)'에서 온 이 말을 글자 그대로 풀면, '자기만의 고유한(ἰδιο)' + '혼(συν)' + '합(κρᾶσις)'이란 뜻이 된다. 이 개념은 그리스의 자연철학에서 꽤 중요한 역할을 했었다. 가령 세상의 모든 개체가 실은 4원소의 독특한 혼합이라는 이론을 생각해보라.

이 전통의 테두리 안에서 이디오진크라지는 아주 오랫동안 한 사람을 다른 사람과 구별시켜주는 특질의 이름으로 사용되어왔다. 신체를 구성하는 원소의 조합이든, 아니면 기질을 구성하는 체액의 혼합이든, 이디오진크라지는 그 독특한 혼합의 결과로 생성된 개인을 가리켰던 것이다. 이 '혼합'을 더 역동적으로 파악하여, (다른 이들만이 아니라) 과거의 자신과도 구별되는 개체로 생성하는 끝없는 운동을 가리키는 데에 사용하는 경우도 있었다. 하지만 어느 시점에선가 이 말은 오늘날과 비슷하게 알레르기 반응과 같은 비정상적(?) 체질을 가리키게 된다.

'이디오진크라지'라는 용어는 오늘날 다양한 분야에서 사용된다. 의학에서 이 낱말은 특정한 대상, 약물, 혹은 요법에 알레르기 반응을 보

이는 특이체질을 가리킨다. 심리학에서는 이 말로써 특정한 사물, 동물, 사람, 혹은 자극에 병적인 혐오나 선호를 보이는 현상을 가리킨다. 사회심리학에서 이 말은 한 집단의 보편적 규범에서 벗어나는 개인의 독특한 행동방식을 가리키며, 언어학에서는 한 사람, 혹은 한 집단에서만 사용하는 독특한 어휘나 표현방식을 가리킨다. 가령 "나는 …하지 않는 것을 선호한다"는 '필경사 바틀비'의 독특한 어법을 생각해보라.

말미잘의 촉수처럼

니체F. Nietzsche는 지나가는 말 앞에 무릎을 꿇고 꺼이꺼이 울며 동물을 기계로 규정한 데카르트를 대신하여 사죄를 했다고 한다. 그야말로 철학적 이디오진크라지의 전형이 아닐까? 하지만 '이디오진크라지'라는 용어를 철학적 개념으로 만든 사람은 아도르노다. 그의 말에 따르면, 어떤 일반성에도 종속되지 않는 단독성singularity으로서 이디오진크라지는 자본주의 사회의 물화, 그 사회가 행사하는 보편성의 폭력에 저항하는 유일한 양식이다. 그는 대중과의 소통(에 요구되는 보편적 코드)을 거부하는 현대예술의 난해함, 혹은 괴팍함에서 이디오진크라지를 본다.

현대미학의 범주로서 '이디오진크라지'는 아마도 '취미Geschmack'라는 근대미학의 범주의 반대명제일 게다. 칸트 역시 학적 판단과 다른 미적 판단의 독특성을 인정했다. '개념적' 판단이 보편자 아래 개별자를 포섭시킨다면, '미감적' 판단에서는 개별자 위에 보편자를 구성한다는

것. 하지만 아무리 개별자를 앞세워
도 칸트는 미적 판단이 결국 모든 이의 보편
적 동의를 얻을 수 있다고 보았다. 하지만 이디오
진크라지는 보편적 동의를 거부한다. 우리가 썩은 사과
냄새를 좋아하는 이를 이해하지 못하듯이, 대중이 부조화와 불협
화로 가득 찬 현대예술(특히 현대음악)을 이해하기란 힘든 일이다.

미직 판단력이 문명화한 능력이라면, 이디오진크라지는 말미잘 촉수
같은 신체의 원초적 반응이다. 아도르노는 '진짜'와 '가짜' 이디오진크
라지를 구별한다. '진짜'는 자연을 미메시스한 것으로, 그 어떤 이성
적-개념적 판단에 앞서 즉각적-본능적으로 환경에 적절히 반응하는
능력을 가리킨다. 가령 괴팍할 정도로 난해한 현대예술은 세계의 부정
적 상태에 대한 본능적으로 적절한 반응이다. 반면, 나치의 유태인 혐오
증은 '가짜', 즉 원래 이념적 혐오에 불과한 것을 마치 본능적 반응처럼
표출하는 데에 지나지 않는다고 한다. 하지만 그 구별이 과연 그렇게 명
확한 것일까?

가령 나치도 재즈를 혐오했고, 아도르노도 재즈를 혐오했다. 전자는
'가짜', 즉 흑인에 대한 인종주의 이데올로기에 불과하고, 후자는 '진
짜', 즉 타고난 음악적 감성의 본능적 반응일까? 아도르노의 혐오감도
혹시 특유의 엘리트주의 미학과 자본주의적 획일성에 저항한다는 정치
적 제스처에서 나온 이념적 반응인지 모른다. 이 대목에서 하버마스J.

Habermas는 슬쩍 진짜와 가짜를 가르는 기준을 도입한다. '진짜 이디오진크라지는 사후 정당화를 통해 보편적 동의를 얻을 수 있다'는 것. 하지만 이 경우 '이디오진크라지'는 사실상 칸트가 말하는 '취미'와 다를 바 없어져 고유의 매력을 잃을 것이다.

개념의 이디오진크라지

이런 논리적 난점에 신경을 안 쓰는 게 프랑스의 철학의 특징. 가령 들뢰즈는 이디오진크라지의 개념을 더욱 급진화한다. 아도르노는 이디오진크라지를 주로 예술에 적용했는데, 철학은 보편자의 영역에 속하기 때문이다. 예술은 '개별자'이기에 진리를 가지나 스스로 말할 수 없고, 철학은 '보편자(개념)'이기에 진리를 말하나 스스로 가질 수는 없다. 그리하여 개별과 보편, 예술과 철학은 상보적 관계에 있다는 것이다. 하지만 들뢰즈는 아도르노가 보편자의 영역에 놓은 철학에 '이디오진크라지'를 적용한다. 철학적 개념이야말로 이디오진크라지를 구현해야 한다는 것이다.

들뢰즈에 따르면 철학의 임무는 개념을 발명하는 데에 있다. 그는 개념을 소설의 주인공에 비유한다. 위대한 소설의 주인공처럼 철학자의 개념들 역시 독창적이고 개성적이어야 한다. 아마도 셰익스피어W. Shakespeare의 '햄릿', 세르반테스M. de Cervantes의 '돈키호테', 멜빌H. Melville의 '바틀비'가 좋은 예가 될 것이다. 여기서 주목해야 할 것은 이들 소설가의 주인공들이 하나의 인격이면서 동시에 하나의 개념이라는 점이다. 철학자들 역시 종종 자신들의 개념을 일종의 개념인격personnages conceptuels으로 제시하곤 한다. 가령 플라톤의 '소크라테스', 니체의 '차라투스트라'를 생각해보라.

물론 개념인격이 반드시 고유명사를 가져야 하는 것은 아니다. 개념인격은 대부분 고유명사로 표기되지 않는다. 헤겔의 '절대정신', 하이데거의 '존재', 프로이트의 '무의식'을 생각해보라. 이들 개념인격은 물론 철학자의 별명이나, 그것들이 철학자를 대표하는 것은 아니다. 들뢰즈에 따르면, 거꾸로 철학자야말로 개념인격의 전개라고 한다. 철학의 진정한 주체는 철학자가 아니라 이들 개념인격이다. 철학은 더 이상 세계에 대한 최종 해석을 제시하려 하지 않는다. 다만 개념인격을 통해 우리의 눈을 "재미있는 것", "중요한 것", "주목할 만한 것"에 돌려놓을 뿐이다.

아도르노가 예술에 걸었던 기대를, 들뢰즈는 그대로 철학에 옮겨놓는다. 아도르노에게서 예술이 그러했듯이 들뢰즈의 개념인격 역시 이디오진크라지, 즉 독창적이고 일회적인 것이어야 한다. 이제 《철학이란 무엇인가》에 나오는 그 유명한 구절이 이해가 될 것이다. "철학자는 자기의 개념인격의 이디오진크라지다."

*33

얼굴은 풍경이다
—고흐의 자화상

얼굴과 풍경의 상보성 안에서 하나를 다른 것으로 구성하라. 그
것들을 채색하라. 그것들을 완성하라. 얼굴과 풍경의 교본들은 예
술에 영감을 준다. (…) 건물, 마을이나 도시, 기념물이나 공장 (…)
이것들은 건축이 변형시키는 풍경 안에서 얼굴로서 기능한다. 회화
는 얼굴에 따라 풍경을 위치시키고, 하나를 다른 하나처럼 취급함
으로써 그 운동을 역전시키기도 한다. 영화의 클로즈업은 얼굴을
하나의 풍경으로 취급한다.

(들뢰즈-가타리,《천 개의 고원》)

풍경 – 얼굴

들뢰즈–가타리F. Guattari의 《천 개의 고원》에 나오는 유명한 구절. 이렇게 풍경과 얼굴을 등치시키는 발상은 어디서 나온 것일까? 당장 후보로 떠오르는 것은 16~17세기에 유행했던 이른바 '인형풍경anthropomorphic-landscape'이다. 이는 풍경 속에 거대한 사람의 얼굴을 감추어놓은 그림으로, 마니에리스모manierismo라는 시대에 화가들이 처한 독특한 상황의 산물이다. 르네상스를 통해 주요한 기법이 모두 발명되었기에, 이 시기에 화가의 기예는 진지한 창안에 이르지 못하고 가벼운 시각적 조크로 흘러버리곤 했다.

대표적인 예가 그 유명한 아르침볼도G. Arcimboldo의 그림이다. 이 이탈리아의 마니에리스트는 들판의 꽃들, 식탁 위의 채소들, 도서관의 책들을 교묘하게 배열하여 화폭 위에 인간의 얼굴을 만들어낸다. 그의 작품에서는 '정물이 초상이다'. 미국의 사진작가 앨런 테저Allan Teger는 인간의 신체를 풍경으로 제시한다. 디지털 합성을 통해 그는 확대 촬영된 인체 부위 위에 조그만 인물들을 올려놓는다. 배꼽은 골프장의 홀이 되고, 엉덩이는 언덕이 되고, 젖가슴은 암벽이 된다. 이를 그는 '신체풍경bodyscape'이라 부른다.

들뢰즈–가타리의 발상에 직접적으로 영감을 준 것은 혹시 살바도르

달리Salvador Dalí 아니었을까? 가령 두 개의 구멍을 가진 전기 소켓이 가끔 인간의 얼굴로 보이듯이, 달리는 일상의 이미지들 속에서 또 다른 이미지들을 찾아내는 데에 능했다. 그 대표적인 예가 언젠가 그가 써먹은 사진일 게다. 오두막 앞에 모여 앉은 아프리카 원주민의 모습을 담은 이 사진을 옆으로 세우면 거기서 불현듯 거대한 인간의 얼굴이 나타난다. 달리는 이 시각적 착란을 아예 창작의 방법(이른바 '편집증적 방법')으로 채택했다.

고흐의 자화상

미술사학자 마이어 샤피로Mayer Schapiro는 언젠가 고흐V. van Gogh의 작품에 나타나는 정물─초상에 관해 얘기한 적이 있다. 고흐의 〈구두〉를 농민 여인의 것으로 간주한 하이데거를 비판하면서, 샤피로는 〈구두〉가 실은 화가 자신의 것이라 단언한다. 그의 주장에 따르면, 고흐의 〈구두〉는─의자, 파이프 등 그의 그림에 등장하는 다른 사물들private objects과 함께─화가의 다른 자아alter ego라고 한다. 샤피로의 말이 맞다면, 구두는 고흐의 잘려나간 귀처럼 자기의 분신인 셈이다. 이로써 정물은 초상이 된다.

그럼 그의 풍경은 어떤가? 고흐의 초상은 굵고 짤막한 선들의 물결로 이루어져 있다. "영화의 클로즈업은 얼굴을 하나의 풍경으로 취급한다"는 말처럼, 그의 자화상을 클로즈업하면 정말로 눈앞에 풍경이 펼쳐진다. 얼굴을 이루는 선들은 마치 태양처럼 방사선으로 뻗어나가고, 이마를 이루는 선들은 마치 밭고랑처럼 출렁인다. 그의 얼굴을 이루던 굵고 짧은 선들은 노란 밀밭을 이루고, 삼나무 가지를 이루며, 나아가 소용돌이처럼 휘감으며 검푸른 밤하늘을 이룬다. 그의 자화상은 정말로 또 하나의 풍경화이다.

고흐의 작품에서 풍경과 초상을 하나로 이어주는 것은 아마도 '리듬'일 것이다. 짧고 굵은 선들의 리듬은 때로는 물결이 되어, 때로는 소용돌이가 되어 고흐의 얼굴과 풍경을 관통한다. 어떤 의미에서 이는 몬드리안P. Mondriaan이 본 우주를 닮았다. 널리 알려진 것처럼 그는 1917년에 제작한 자신의 최초 추상에서 부둣가 풍경을 수직과 수평으로 교차하는 선들의 리듬으로 구성했다. 구상이 사라진 그의 화면에서 우리가 보는 것은 수직과 수평의 짧은 선들, 말하자면 우주의 모든 것을 이루는 음양陰陽의 리듬뿐이다.

회화의 리와 기

흔히 고흐는 후기 인상주의자로서 원색에 가까운 강렬한 색채표현으

로 프랑스의 야수주의와 독일의 표현주의에 커다란 영향을 끼쳤다고 말하여진다. 이렇게 고흐를 색채의 해방자로 간주할 때, 정작 그의 더 중요한 측면은 그냥 묻혀버리는 게 아닐까? 그것은 서양의 전통에는 존재하지 않으나 동양에서는 거의 회화의 상식으로 여겨지는 요소, 즉 눈에 보이지 않는 에너지의 흐름이다. 흔히 이를 '기氣'라 부른다. 이른바 '기운생동氣韻生動'은 적어도 동양화에서는 거의 예술과 동의어로 통한다.

데카르트 이후 서양철학은 세계를 '사물(연장실체)'과 '정신(사유실체)'으로 나누었다. 이 이분법에서 '기'는 공간을 차지하는 연장실체에도 속하지 않고, 순수정신적 존재인 사유실체에도 속하지 않는다. 여기서 회화 속의 '기'라는 개념은 설 자리를 잃고 만다. 서구 미학의 바탕을 이루는 서구 형이상학을 그대로 두는 한, 이해 불가능한 현상으로 남는다. 즉, 사물을 연장실체, 즉 윤곽(형태)과 속성(색채)을 가진 물체로 보는 한, 고흐 작품에 흐르는 '기'는 개념적 파악의 피안에 위치하게 된다.

고흐의 그림에서 가시적 대상들을 잊어버리고 짧고 굵은 선들의 리듬에만 주목해보자. '리듬'이라는 면에서 수직과 수평의 막대기로 이루어진 몬드리안의 최초 추상은 고흐의 작품을 닮았다. 거기에서 우리는 우주를 음양의 교차로 바라보는 신지학theosophy의 원리를 볼 수 있다. 하지만 거기서 고흐의 짧은 선들이 만들어내는 역동성을 느낄 수는 없다. 몬드리안이 관념론적이라면, 적절한 비유인지 모르겠지만, 몬드리안의 리듬이 '리理'에 가깝다면, 고흐의 그것은 '기'에 가깝다고 할까?

베이컨의 자화상

이를 제대로 본 유일한 사람은 아마 프랜시스 베이컨일 것이다. 이 아일랜드의 화가는 인생의 한동안 고흐를 그리거나, 고흐의 작품을 제식으로 고쳐 그리는 데에 몰두했다. 고흐의 어떤 면에 사로잡힌 것일까? 그것은 물론 고흐의 작품에 흐르는 '기'였으리라. 베이컨은 자신을 대상의 관찰과 묘사에 뛰어난 '장인'이 아니라, 대상의 주위에 흐르는 기를 느끼는 감도 높은 '안테나'로 여겼다. 한마디로 그는 (정신적) 지각 perception이 아니라 (육체적) 감각sensation 위에서 작업하는 화가였다.

이를 잘 보여주는 것이 베이컨의 초상. 그는 그림을 그리다가 화면을 손으로 문질러버리곤 한다. 이 폭력(?)이 화면에서 모델과 초상 사이의 가시적 유사성을 지워버린다. 그런데도 완성된 초상은 놀랍게도 어딘지 모델을 닮았다. 이는 '지각'의 차원이 아니라 '감각'의 차원에서 유사성을 추구했기 때문이다. "닮지 않게 그리되, 닮게 그려라." 인물의 주위에 흐르는 기를 그릴 때, 외형이 현저히 달라도 여전히 모델을 닮은 초상이 탄생한다. 고흐의 초상과 베이컨의 초상은 실은 같은 얼굴, 같은 풍경이다.

9부

예술의 진리

아름다움만이 예술의 논의 대상은 아니다. 세상에 이름을 알린 많은 예술가들은 자신의 행적과 작품을 통해 동시대인들이 보지 못했던 것을 눈에 보이는 형태로 바꿔주었다. 전체에 휩쓸리거나 지시에 끌려다니지도 않았다. 작가 이름과 작품명을 줄줄 외워대는 '지각'으로 예술을 대하지 말라. 송곳 같은 '감각'을 되살려 예술의 숨어 있는 진리와 마주하라.

견자의 편지

—선포로서 진리

34[*]

"네 나라 사람과 대제사장들이 너를 내게 넘겼으니 네가 무엇을 하였느냐." 예수께서 대답하시되, "내 나라는 이 세상에 속한 것이 아니니라." (…) 빌라도가 이르되 "그러면 네가 왕이 아니냐?" 예수께서 대답하시되 "네 말과 같이 내가 왕이니라. 내가 이를 위하여 태어났으며, 이를 위하여 세상에 왔나니, 곧 진리에 대하여 증언하려 함이로라." (…) 빌라도가 이르되 "진리가 무엇이냐?"

(〈요한복음〉, 18:35~38)

신약성서에서 가장 인상적인 대목은 빌라도가 예수와 대면하는 장면이리라. 심문의 마지막에 빌라도가 던진 질문은 사뭇 냉소적이다. "진리가 무엇이냐Quid est veritas?" 예수는 이 물음에 답하지 않았지만, 어느 호사가가 철자의 순서를 바꾸는 파자anagram를 이용해 물음 속에서 답변을 끌어냈다. "앞에 서 있는 바로 그 사람이다Est vir qui adest." 예수, 그 사람이 바로 진리다.

선포로서 진리

예수와 빌라도의 만남에서 헤브라이즘과 헬레니즘의 충돌을 볼 수 있다. 가령 빌라도는 로마법의 절차에 따라 먼저 피고의 혐의를 나열한 후 예수의 변론을 기다린다. "빌라도가 이르되, 그들이 너를 쳐서 얼마나 많은 것으로 증언하는지 듣지 못하느냐." 예수가 로마인이었다면, 그 자리에서 조목조목 따져가며 자신의 무고함을 주장했을 것이다. 하지만 예수는 빌라도의 게임에 들어가지 않는다. "고발을 당하되 아무 대답도 아니하시는지라." 예수는 자신을 변호하지 않고, 그 모든 것을 신이 정하신 자신의 운명으로 받아들인다. 이에 "총독이 크게 놀라워하더라."

"나는 그에게서 아무 죄도 찾지 못하였노라." 빌라도는 적당히 매질이나 해서 풀어주려 한 모양이다. 예수를 채찍질한 후 그를 대중들 앞으로 이끌어 매질로 만신창이가 된 몸을 보여주며 외친다. "보라 이 사람이로다Ecce homo." 하지만 성난 군중은 매질로 만족할 수 없었다. 예수를 십자가에 매달라고 외치며 심지어 빌라도를 협박하기까지 한다. "이 사람을 놓으면 가이사의 충신이 아니니이다. 무릇 자기를 왕이라 하는 자는 가이사를 반역하는 것이니이다." 두려움을 느낀 빌라도는 예수의 운명을 대중의 뜻에 맡기며, 자신은 대야의 물에 손을 씻는다.

여기에서 보이는 것은 '진리'에 관한 상이한 두 관념의 충돌이다. 헬레니즘의 진리와 헤브라이즘의 진리. 흔히 진리라고 하면, 우리는 명제 혹은 진술의 속성이라고 생각한다. 빌라도가 자신의 법정에서 밝히려 했던 것도 그런 종류의 진리였으리라. '유태인들이 예수에게 내건 혐의들이 과연 사태에 부합하는가?' 하지만 예수 앞에서 빌라도가 구하는 진리는 사소한 것이었다. 예수의 진리는 오늘날 전 세계에 퍼져 있는 기독교 교회의 존재를 통해서 입증된다. 수천 년이 지난 오늘날까지도 전해 내려오는 새로운 삶의 원리, 그것이 빌라도의 것을 압도한 예수의 진리다.

진리로서 국가와 혁명

하이데거에 따르면 진리는 '명제진리'와 '사태진리'로 구별된다. '명제진리'는 이미 우리에게 익숙한 인식론적 진리, 즉 참인 명제가 갖는 속성으로서 진리다. '사태진리'는 그와는 차원이 달라서 가령 예수의 진리처럼 논증이나 증명 없이 선포된다. 선포kerigma로서 진리는 존재론적 진리다. 근원적인 것은 이 사태진리이고, 명제진리는 거기에서 파생된 것에 불과하다. 수학을 예로 들어보자. 어떤 수학적 명제의 올바름은 정리를 이용해 증명된다. 정리의 올바름은 공리를 이용해 증명된다. 그렇다면 공리의 올바름은 어떤가? 증명 없이 옳은 것으로 선포되지 않는가.

사태로서 진리가 일어나는 데에는 세 가지 방식이 있다. 예술, 사유, 그리고 국가다. 하이데거에 따르면, 이 세 가지가 과학에서 말하는 진리보다 근원적인 것이다. 시인과 철학자가 세계를 열어서 보여주면, 과학자는 그렇게 열린 세계 속으로 들어와 개념적 정리를 할 뿐이라는 것이다. 여기서 흥미로운 것은 국가를 세우는 것이 곧 진리라는 생각이다. 하이데거가 강의실에서 이런 얘기를 하던 1930년대 초반, 강의실 밖에서는 나치 운동이 일어나고 있었다. 하이데거는 한때 나치 운동이 바로 그런 진리를, 새로운 민족적 삶의 세계를 세우는 일이라 믿었다.

급진주의자라면 국가 대신에 혁명을 들 것이다. 조례의 올바름은 법률로 판단하고, 법률의 올바름은 헌법으로 판단한다. 그럼 헌법의 올바름은 무엇으로 판단하는가? 기존 헌법의 올바름을 판단하는 것은 법률적 과제가 아니다. 그것을 판단하는 것은 '혁명'이다. '혁명'으로 새 세상이 열리면, 사후에 법률가들이 들어와 새 헌법의 정신에 맞추어 법률과 조례를 만들 것이다. 진리론의 좌익적 버전에서는 혁명의 전위('당')가 곧 진리가 된다. '당의 무오류'라는 스탈린주의 원칙은 어떤 면에서는 필연적인 것이다. 공리를 향해서 자신의 올바름을 증명하라고 요구할 수는 없잖은가.

견자의 편지

사건으로서 진리는 '종교'나 '정치'만이 아니라 예술에도 존재한다. 랭보는 견자見者, voyant에 관해 이야기한다. "내가 말하노니, (…) 시인은 모든 감각의 기나긴 거대한 이성적 일탈을 통해 자신을 견자로 만들어야 한다. 모든 형태의 사랑, 고통, 광기. 그는 자신을 탐색한다. 그는 자기 안의 모든 독약을 소진하여 그 속에서 오직 핵심만을 건져낸다. 모든 신념과 모든 초인적 힘을 요하는 말할 수 없는 고문. 그것을 통해 그는 인간들 중에 인내심이 있는 자, 위대한 범죄자, 저주받은 자—그리고 위대한 학자가 된다. 그는 미지의 세계에 도달하기 때문이다."

랭보의 '견자'는 유대인들이 '선지자'라 부른 것의 예술적 버전이라 할 수 있다. 견자, 즉 보는 자는 아무도 보지 못하는 미래를 보며, 나아가 아직 존재하지 않는 그 미래를 비로소 존재하게 만든다. 시인은 "진보의 배가자"로서, 알 수 없는 미래를 향해 용감하게 몸을 던진다. 당연히 거기에는 커다란 위험이 따른다. "그가 방황하다가 결국 제 비전의 지성을 잃고 말지라도, 그는 이미 그 비전들을 보았다. 그로 하여금 들어보지도 이름할 수도 없는 것들 속으로 뛰어들다가 죽게 놔두라. 다른 무서운 일꾼들이 나타나, 다른 이가 쓰러진 그 지평에서 다시 시작할 것이다."

랭보의 〈견자의 편지〉는 훗날 '아방가르드'라 불릴 운동의 전주곡이 된다. "새로운 세대는 제 조상을 저주할 자유가 있다." 여기에서 숨 막힐 듯이 답답한 낡은 질서를 무너뜨리며 강림할 새로운 예술, 새로운 사회에 대한 기대를 읽을 수 있다. "시는 더 이상 행동에 리듬을 맞추지 않을 것이다. 시는 앞서 나갈 것이다." 이 말은 시야말로 그 어떤 행동에도 앞서 세계를 열어주는 진리라는 시인의 자의식을 보여준다. 20세기의 아방가르드 예술을 추동한 것은 바로 이 자의식이었다. 그것은 죽어가는 사회 속에 새로운 진리를 일으키려는 운동이었다.

아방가르드는 제 비전을 실현하기 위해 정치와 손을 잡았으나, 결과는 치명적이었다. 진리의 원천이 둘일 수는 없지 않은가. 결국 아방가르드 운동은 앞서나가지 못하고, (나치당이나 전위당의) 행동에 리듬을 맞춰주는 신세로 전락한다. 역사적 아방가르드는 정치적으로 실패했다. 하지만 미학적으로는 성공했는지도 모른다. 20세기 초에 그들이 가졌던 예술적 비전은 오늘날 생활세계의 일부가 되었기 때문이다. 보지 못한 것을 보게 해주고, 없었던 것을 있게 해주는 개시開示로서의 진리는 여전히 필요하다. '견자의 편지'는 아직도 수신자를 찾는다.

35

그리드
—우주의 자궁

언젠가 플라톤의 '코라chora'를 주제로 한 데리다J. Derrida와 아이젠만 P. D. Eisenman의 건축 프로젝트에 관해 쓴 적이 있다. 둘의 시도는 실패로 돌아가고, 결국 자기들끼리 주고받은 구상을 담은 한 권의 책으로 남았다. 이 프로젝트의 발주자는 후에 "두 사람은 애초에 건축을 지을 생각이 없었던 것 같다"고 불만을 토로했다. 애초에 작업의 초점이 어긋났다는 느낌에서 쓴 글이었는데, 지금 생각해보니 내 글 역시 살짝 초점이 어긋났다는 느낌이다.

다시, 코라

'코라'의 개념으로 돌아가 보자. 플라톤은 '이데아론'을 수립하다가 이데아계와 현실계가 서로 어떻게 관계를 맺는지 설명하는 데에 어려움을 겪는다. 이념계가 보편자의 세계라면, 현실계는 개별자의 세계다. 이념계가 정신의 세계라면, 현실계는 물질의 세계다. 이렇게 성질이 급진적으로 다른 이 두 가지가 어떻게 서로 관계를 맺을 수 있는 것일까? 이 대목에서 플라톤은 두 세계를 무리 없이 매개시켜주는 제3의 요소를 상정하게 된다. 그 매개항이 바로 '코라'다.

한마디로, 코라는 (정신의 눈에만 보이는) 이데아에 (감각의 눈으로 볼 수 있는) 가시적 형상을 부여해주는 장치라 할 수 있다. 흥미롭게도 플라톤은 코라의 모습을 사물을 거르는 '체'로 상상했다. 즉 이데아라는 이름의 추상적 관념들이 이 '체'를 통과해나가는 과정에서 구체적이고 감각적이고 물질적인 형태를 얻어 입는다는 얘기다. 물론 이 순서를 뒤집어, 구체적이고 감각적이고 물질적인 사물들을 이 '체'로 통과시키면, 거기서 이데아계에 속하는 추상적 관념들이 걸러질 게다.

따로 '코라'와 같은 명칭을 사용하지는 않았지만, 다른 철학자들도 비슷한 지점에 주목한 바 있다. 가령 쇼펜하우어A. Schopenhauer에 따르면, 모든 것의 바탕에는 근원적 의지가 있다. 예지계에 존재하는 세계의지가 현상계에 들어오면 '나', '너', '그'와 같은 개별 의지들로 쪼개진다고 한다. 이를 쇼펜하우어는 '개별화 원리'라 불렀다. 플라톤이라면 그것을 '코라'라 부르지 않았을까? 또 하이데거에게 '코라'의 정의를 요청한다면, 아마도 그것을 '존재에서 존재자를 생성하는 기제'라 규정했을 것이다.

코라와 모더니즘

데리다와 아이젠만이 미처 몰랐던 것은, 코라의 형상화가 결코 새로운 시도가 아니라는 점이다. 가령 평론가 로잘린드 크라우스Rosalind Krauss는 '그리드grid'의 사용을 모더니즘 미술의 한 특징으로 들었다. 공교롭게도 그리드는 플라톤이 코라의 은유로 사용한 '체'를 닮았다. 이집트인은 벽화나 조각상을 제작하는 데에 모눈을 사용했고, 오늘날 디자이너들도 그림을 그릴 때 종종 모눈종이를 사용한다. 이때 예술가의 머릿속에 들어 있던 관념이 모눈종이라는 '체'를 거쳐서 구체적 형상으로 태어난다.

현대의 예술가들은 그리드를 사용해 그림을 그리기보다는 아예 그리드 자체를 그림으로 그리는 경향이 있다. 대표적인 예가 분석적 입체주의 시절의 피카소P. Picasso와 브라크G. Braque다. 이들은 단일한 공간을 이질적 시점의 파편들로 해체한다. 이때 각기 다른 시점을 머금은 그 파편들은 화폭 위에 그리드를 연상시키는 격자 모양으로 배치된다. 이집트의 화가들이 그리드를 통해 구체적 형상으로 나아갔다면, 이들은 거꾸로 구체적 형상들에서 추상화함으로써 그리드에 접근했다고 할 수 있다.

몬드리안은 어떤가? 그는 〈나무〉 시리즈를 통해 나무의 형상이 점차 기하학적 도형으로 단순해지는 과정을 보여준 바 있다. 이 과정의 끝에서 그는 더 이상 아무것도 재현하지 않은 순수추상에 도달한다. 그의 최초의 순수추상은 교차하는 수직과 수평의 막대기들의 분포로 이루어져 있다. 이는 우주생성의 원리를 디지털(수평/수직)로 표현한 것이라고 한다. 이어지는 시기에 몬드리안은 아예 화면 전체를 수직선과 수평선이 만들어내는 원색의 색면들로 구성하게 된다.

가장 극단적인 예는 말레비치K. S. Malevich일 것이다. 그는 화면에서 모든 것을 지우고 달랑 검은 사각형 하나만 남겨놓았다. 이 정사각형은 그 안으로 세상의 모든 것이 사라지는 블랙홀일 수도 있고, 거기서 세상의 모든 형상이 튀어나오는 화이트홀일 수도 있다. 그것은 하나의 극한, 다시 말하자면 존재와 무의 경계이자, 존재와 존재자의 경계이자, 동시에 회화와 비非회화의 경계라 할 수 있다. 말레비치 자신은 이 정사각형, 이 프레임, 이 그리드가 '모든 의미를 함축한 무無'라고 말했다.

포스트모던의 그리드

솔 르윗Sol LeWitt을 비롯한 1960년대의 미니멀리스트들은 글자 그대로 '그리드'를 그렸다. 그들은 왜 이처럼 그리드에 집착했을까? 그것은 아마도 모더니즘의 자기 지시적 성격, 즉 자기 반성적 성격 때문일 것이다. 전통예술이 '자연이 무엇인가'를 물었다면, 현대예술은 그 전에 '회

화란 무엇인가'부터 묻는다. 회화의 본질에 대한 이 철학적 반성을 통해 모더니스트들은 회화의 극한, 즉 그 너머에서 더 이상 회화일 수 없는 경계에 도달했다. 거기서 그들이 발견한 것이 그리드다.

공교롭게도 이는 플라톤이 철학에서 했던 작업과 비슷하다. 당시의 다른 철학자들과 마찬가지로 플라톤 역시 '자연이란 무엇인가'를 물었다. 자연의 본질에 대한 철학적 반성을 통해 그도 자연의 극한, 즉 그 너머에서 더 이상 자연일 수 없는 경계에 도달했다. 거기서 그가 발견한 것이 바로 코라다. 코라, 그 너머에 더 이상 자연은 없다. 그 너머는 이데아의 세계다. 모더니즘의 예술가들은 회화라는 수단으로 플라톤이 철학에서 했던 것과 똑같은 작업을 했는지도 모른다.

1960년대 이후에 추상의 시대는 끝나고 '포스트모던'의 이름으로 회화 속으로 구상이 복귀한다. 이 시기에도 화가들은 여전히 그리드를 사용하나, 방향은 정반대로 뒤집힌다. 가령 포토 리얼리스트들은 사진을 전사轉寫하기 위해 그리드를 사용했다. 말하자면 사진과 캔버스 위에 그리드를 친 후, 사진 위 그리드의 격자들을 하나씩 일일이 캔버스 위의 그리드로 옮긴 것이다. 포토리얼리즘이 사진을 방불케 하는 놀라운 사실성을 자랑하는 것은 그리드를 통한 이 전사의 마술 덕분이다.

모더니즘 예술에서 그리드는 이미지의 도달점이었다. 하지만 포스트모던의 미술에서 그리드는 이미지의 출발점이다. 이 차이 속에는 당연히 세계를 바라보는 관점의 차이가 들어 있다. 가령 모더니스트들은 '눈에 보이는 것'의 재현을 포기하고 '눈에 보이지 않는 것'을 가시화하려 했다. 한마디로 현상계를 부정하고 예지계를 지향했던 셈이다. 반면, 포스트모던의 미술은 예지계를 부정하고 현상계를 긍정한다. 그것도 복제로 이루어진 가상계, 즉 시뮬라크르의 세계를 긍정한다.

건축의 코라

모더니즘 예술이 그리드를 통해 '회화의 조건'을 드러낸 것처럼, 데리다와 아이젠만은 그들의 기획을 통해 '건축의 조건'을 드러냈어야 했다. 구체적인 건축물이 아니라, 모든 건축적 구조, 모든 건축적 구축의 바탕이 되는 조건은 과연 무엇인가? 건축에도 회화의 '그리드'에 해당하는 것이 있다면, 그것은 과연 무엇일까? 이것이 그들의 고민이 되었어야 했다. 하지만 데리다와 아이젠만은 다소 썰렁한 아이디어를 주고받는 가운데 지향성을 잃어버린 느낌을 준다.

사실을 말하면, 건축의 그리드 역시 이미 오래전에 나타난 바 있다. 가령 '구축'이라는 행위의 기본요소를 드러내려 한 러시아 구축주의자들의 작업을 생각해보라. 건축의 코라는 이렇게 미술사에서 이미 달성된 업적이다. 따라서 데리다와 아이젠만이 설사 방향을 잃지 않았다 하더라도, 그들의 기획에서 특별히 생산적 결과가 나왔을 것 같지는 않다.

36

파편의 미학

－터치touch는 감동touch이다

피터 그리너웨이Peter Greenaway의 영화 〈영국식 정원 살인 사건〉. 주인
공 네빌을 살해한 마스크의 사내들이 죽은 네빌의 옷을 벗기며 말한다.
"불투명한 알레고리의 애매모호한 증거로서 영지 주변 여기저기에 흩어
놓거나." 이 대사가 영화 전체의 메시지를 암시한다. 영화에서 이 살인
의 의미는 끝까지 드러나지 않는다. 그저 사태의 의미를 짐작하게 하는
단서들만 "불투명한 알레고리의 애매모호한 증거로서" 영화 전체에 흩
어진다. 마치 살인자들에게 벗겨져 여기저기 버려질 네빌의 옷들처럼.

파편에 대한 취향

동전의 양면이랄까? 철학에서 17세기가 합리주의로 특징지어지는 고

전주의 시대였다면, 예술에서 17세기는 비합리주의로 특징지어지는 바로크 시대였다. 피터 그리너웨이는 영화 속에서 한 시대에 공존하던 이 두 가지 사고방식을 서로 충돌시킨다. 가령 격자를 이용해 르네상스의 투시법을 과학적으로 실현한 네빌의 풍경화는 합리주의적 사유를 상징한다. 푸코라면 그것을 '고전주의 에피스테메'의 그림이라 불렀을 게다.

데카르트의 말처럼, 인식은 늘 명석하고 판명해야 한다. 반면, 이 영화에서 살인의 의미를 말해줄 단서들은 영화 곳곳에 파편fragment처럼 흩어진다. 물론 그 파편들은 합쳐져 하나의 통일된 스토리를 이루지는 않는다. 여기서 사건의 의미는 명석판명하지 않다. 범죄를 다룬 추리영화에서는 흩어진 단서들이 범행의 동기나 과정을 말해준다. 그리하여 플롯이 진행되는 동안에는 의문으로 남아 있던 부분들도 결말에서는 스토리라는 실에 꿰어져 하나의 전체를 이루곤 한다. 〈영국식 정원 살인 사건〉은 다르다. 그것은 추리물이 아니다.

《독일 비애극의 원천》에서 발터 벤야민은 고전주의적 합리성에 "알레고리적 문자그림이 보여주는 무정형의 파편"을 대비시킨다. 이 파편에 대한 취향은 아마도 이성주의의 전체화하는 경향에 대한 반발에서 나왔을 게다. 헤겔은 언젠가 "진리는 체계"라고 말한 바 있다. 한마디로 진리에 도달하기 위해 파편들은 궁극적으로 전체 속에 편입되어 그 안에서 의미를 얻어야 한다는 얘기. 파편들을 전체로 집약하는 이 강박에 대한 반발에서 전체를 다시 파편들로 해체하려는 충동이 나온 게 아닐까?

큐비즘과 몽타주

바로크의 이 알레고리 취향은 낭만주의를 거쳐 모더니즘으로 이어진다. 그 대표적인 예가 큐비즘cubism이다. 가령 '분석적' 단계의 큐비즘에서 대상은 그리드를 닮은 파편들로 해체되어, 거의 원형을 알아보기 힘들어진다. 그저 파편들이 원형을 막연히 암시할 뿐이다. 하지만 이는 피카소와 브라크가 원하던 게 아니었다. 더 이상의 해체를 감당할 수 없었던지, 그들은 화면에 파편들을 '콜라주collage'하여 전체를 구축하는 입체주의의 '종합적' 단계로 이행한다. 파편은 다시 전체 속에 갇힌다.

발터 벤야민은 연극과 구별되는 영화의 파편성을 강조한다. 연극은 유기적 전체이나, 영화는 짧은 숏들을 이어붙인 파편적 장르. 한마디로 그것은 '몽타주'다. 하지만 영화도 그리피스D. W. Griffith처럼 연속적 편집continuity editing을 하거나, 에이젠슈타인S. Eisenstein처럼 불연속 편집discontinuity editing을 할 수가 있다. 전자가 고전적이라면, 후자는 현대적이다. 숏과 숏의 충돌이 서사로부터 다소 독립적인 미학적 효과를 지향한다는 점에서 에이젠슈타인의 몽타주는 그리피스의 것보다 훨씬 더 파편적이다.

물론 그리피스의 것이나 에이젠슈타인의 것이나 어차피 전체(서사)에 종속되기는 마찬가지다. 이렇게 전체와 대비된다는 의미에서 파편은

'상징symbol'이다. 상징은 그리스어 '심발레인symbalein(두 사람이 헤어질 때 나중에 서로 알아보기 위해 둘로 쪼개어 나눠 갖던 도자기 혹은 거울의 파편)'을 의미했다. 여기서 파편은 다른 짝을, 나아가 그 둘로 이루어진 전체를 지시할 것이다. 이렇게 부정적으로든(해체), 긍정적으로든(종합), 파편은 늘 전체를 암시 혹은 명시한다.

감각의 터치

프랑스의 철학자 장 뤽 낭시Jean-Luc Nancy는 이와는 좀 다른 파편의 개념을 제시한다. 상징이 아닌 파편, 즉 상징으로 기능하지 않는 파편이 그것이다. 불어에 '감각의 터치touche des sens'라는 말이 있다. 가령 어떤 예술작품을 본다 하자. 그때 작품이 '의미'하는 바가 아니라 그것의 색채나 형태나 질감과 같은 현상학적 질qualia에 사로잡힌다면, 그때 당신은 '감각의 터치'를 경험했다고 할 수 있다. 장 뤽 낭시에 따르면, 예술의 본질은 그 어떤 상징체계로도 포섭되지 않는 이 터치를 전달하는 데에 있다.

'감각의 터치'는 주객 분리 이전의 것이다. 손으로 차가운 수도꼭지를 만진다 하자. '이 차가움은 주관(손)에 속하는가? 아니면 객관(수도꼭지)에 속하는가?' 수도꼭지의 차가움을 느끼며 굳이 이렇게 물어야 하겠는가? 아무것도 모르는 아기의 감각 속에서 나와 세계는 아직 분리가 되어 있지 않을 게다. 그때 감각된 그것은 내 밖에 있으면서transcendent 동시에 내 안에 들어와 있다immanent. 즉 그것은 '초월적─내재적trans-immanent'이다. 한때 세계는 우리에게 그렇게 열렸었다.

태어난 지 10개월쯤 됐을 때 우리 아이는 처음으로 얼굴에 눈송이를 맞고는 '까르르' 웃었다. 하지만 이튿날, 밖에 데려나가 쌓인 눈 위에 내려놓았더니 온통 하얗게 변한 세상이 무서웠던지 그만 '으앙' 하고 울어버린다. 말을 못하는 아이에게 세계는 아직 언어적으로 분절되지 않은 상태였을 게다. 그때 아이는 시각적, 촉각적 자극에서 즐거움이나 두려움을 느꼈다. 하지만 자라는 과정에서 감각을 지각으로 대체해가며 녀석은 아마 아기 시절에 가졌던 세계의 그 원초적 느낌을 잃어버렸을 것이다.

파편으로서 예술작품

예술작품은 우리로 하여금 이 '감각의 터치'를 다시 느끼게 해준다. 이 체험을 가리키는 데에 다양한 이름을 사용할 수 있을 게다. 가령 '존재자를 나타나게 하는 존재의 사건(하이데거)', '주객 이전의 사상 자체(후설E. Husserl)', '지각 이전의 원초적 감각(들뢰즈)' 등등. 항상은 아니지만, 아주 가끔 예술작품을 보며 실제로 '감각의 터치'를 느낄 때가 있다. 가령 산 비탈레 성당 모자이크의 그린, 고흐의 해바라기의 옐로, 이브 클라인Yves Klein의 블루가 주는 즐거운 경이를 과연 말로 형용할 수 있을까?

감각의 터치로서 예술작품은 이렇게 그 어떤 상징체계로도 편입되지 않는다. 외려 그것은 기존 상징체계에 균열을 낸다. 장 뤽 낭시는 감각의 터치를 일으키는 작품을 '파편'이라 부른다. 하지만 이 파편은 미리 존재하는 어떤 전체의 일부가 아니다. 그것은 그 어떤 전체도 암시하거나 명시하지 않는다. 전체와 관계없는 그냥 파편, 유일자로서 절대적 파편, 라캉의 어법을 빌리면, 실재계에서 뚝 떨어져 나와 그 어떤 상징계로도 포섭되지 않는 파편이라 할 수 있다.

  마르크 로스코Mark Rothko의 작품은 이 감각을 건드리는 파편의 좋은 예가 아닐까? 로스코는 제 작품에 대한 일체의 해석을 거부한다. 단색 배경에 거대한 색채 덩어리. 거기에 딱히 해석할 거리가 있는 것도 아니다. 말레비치나 칸딘스키처럼 거기에 상징적 의미를 부여하지도 않는다. 로스코는 그저 관객이 작품을 바로 코앞에 둔 상태에서 그 안으로 침잠해 들어가기를 원했다. 그에게 확신을 준 것은 어느 여성관객. 그녀는 그 색 덩어리 앞에서 갑자기 울음을 터뜨렸다고 한다. '터치touch'는 동시에 '감동touch'이다.

37

아레스토 모멘툼!
─순간아, 멈추어라

《해리포터》에 나오는 주문 중에 가장 인상적인 것은 '아레스토 모멘툼'이다. 이 주문은 어떤 언어에도 속하지 않는 가짜 문장에 불과하다. 하지만 그렇다고 해서 거기에 전혀 의미가 없는 것은 아니다. '아레스토'는 라틴어의 '머물다resto', 불어의 '멈추다arrêter', 영어의 '체포하다arrest' 등 일군의 동사를 연상시킨다. 라틴어로 '운동'이나 '동작'을 의미하는 '모멘툼momentum'은 영어, 독어, 불어에서는 '순간moment'을 뜻한다. 따라서 '아레스토 모멘툼'은 '동작(이나 순간)을 멈춘다'는 뜻을 갖게 된다.

파우스트의 계약

이 주문은 괴테의 《파우스트》에 나오는 유명한 대사를 연상시킨다. 거기서 파우스트는 메피스토펠레스와 치명적인 계약을 맺는다. 그 계약의 결과 파우스트는 악마의 도움으로 원하는 그 어떤 일이라도 체험할 권능을 얻으나, 그 대가로 때가 되면 자신의 영혼을 악마에게 내놓아야 한다. 그 '때'가 언제일까? 파우스트는 메피스토펠레스에게 이렇게 말한다. "내가 순간을 향해 '멈추어라. 너는 너무나 아름답도다!'라고 말할 때. 그때 그대는 나를 결박해도 좋고, 그때 나는 기꺼이 나락으로 떨어지리라."

"멈추어라. 너는 너무나 아름답도다!" 멈추고 싶은 그 순간은 아마도 생애 최고의 열락의 상태일 것이다. 그 순간을 체험할 때까지 메피스토펠레스는 파우스트의 노예가 되어야 한다. 하지만 그 순간을 체험한 이후에는 반대로 파우스트가 영원히 메피스토펠레스의 노예가 되어야 한다. 기독교문화에서 영혼을 포기한다는 것은 곧 영생을 포기하는 것을 의미한다. 파우스트가 그리스도가 죽음으로 인간에게 선사한 가장 기쁜 소식마저 포기하면서까지 체험하고 싶었던 것은 과연 어떤 '순간'이었을까?

메피스토펠레스의 도움으로 파우스트는 순결한 그레첸과 사랑을 맛보고, 미의 의인화인 트로이의 헬렌에게서 자식을 얻기도 한다. 하지만 정작 그에게 그 '순간'을 가져다준 것은 사랑도 아니고, 미도 아닌, 인류의 유익을 위해 헌신하기로 한 결심이었다. 공동체를 위해 간척사업을 이룩한 이후에 만족한 늙은 파우스트는 비로소 순간을 향해 외친다. "멈추어라. 너는 너무나 아름답도다!" 약속대로 메피스토펠레스가 그의 영혼을 거두려는 순간, 신이 그의 손에서 파우스트의 영혼을 구원한다.

쾌락살인

《파우스트》가 그런 '순간'의 가장 이상주의적idealistic 버전을 대표한다면, 그와 대극을 이루는 가장 유물론적materialistic인 '순간'은 영화 〈감각의 제국〉에 등장하는 버전일 것이다. 두 남녀가 쾌락을 극대화하기 위해 정사 중에 끈으로 목을 조르는 장난을 한다. 그러던 어느 날 사내(이시다 키치조)는 여인(아베 사다)에게 끝까지 목을 졸라달라고 부탁한다. 파우스트가 최고의 정신적 열락의 순간에 제 영혼을 포기한다면, 키치조는 최고의 육체적 쾌락의 순간에 제 신체를 포기한다.

그 이후의 얘기는 널리 알려져 있다. 사다는 키치조를 목 졸라 죽인 후 칼로 그의 성기를 베어낸다. 이렇게 파트너의 성기를 도려내는 것은 '쾌락살인lustmord'에 흔히 동반되는 보편적 현상이다. 흥미로운 것은 그다음이다. 사다는 키치조의 잘린 성기에서 흘러나온 피로 제 가슴에 "사다 키치 우리 둘은 영원히"라고 써넣는다. 키치조가 생명을 끊음으로써 오르가즘의 순간을 영속화하려 했다면, 사다는 키치조의 존재를 정지시킴으로써 둘의 사랑을 영원으로 끌어올리려 했던 것이다.

영화는 1930년대에 일본에서 실제로 일어났던 사건을 배경으로 한 것이다. 같은 사건을 다룬 또 다른 영화에서 실제 사다의 모습을 담은 사진을 본 적이 있다. 사진 속의 그녀는 지극히 평범한 외모로, 재판을 받으러 법정에 들어가다가 힐끗 뒤를 돌아보며 구경꾼들에게 환한 웃음을 던지고 있었다. 극단성을 선호하는 특유의 유미주의적 취향 때문일까? 당시 일본 사회에서는 끔찍한 살인을 저지른 이 변태성욕자가 사랑의 극한을 추구하고 실천한 '영웅'으로 추앙을 받았다고 한다.

결정적 순간

"멈추어라! 너는 너무나 아름답도다!"
이 대사는 종종 사진예술의 모토로 사용된다. 사진이야말로 시간의 흐름 속에서 순간을 멈추는 예술이기 때문이다. 물론 회화로도—가령 인상주의자들처럼—시시각각 변화하는 빛

의 상태를 기록할 수는 있다. 하지만 아무리 순간적 인상이라 하더라도 그것을 화폭 위로 옮기는 데에는 비교적 오랜 시간이 걸리기 마련이다. 반면 사진은 셔터가 열렸다 닫히는 그 짧은 순간을 필름 위에 고정시킨다. 사진 속에 응고된 순간들은 영원성에 도달한다.

카르티에-브레송H. Cartier-Bresson은 사진의 본질을 '결정적 순간 decisive moment'에서 찾았다. "결정적 순간. 그것은 어떤 사건의 중요성을 찰나에 동시적으로 지각하는 것이자, 그 사건에 적절한 표현을 주는 형태들을 정밀하게 조직하는 것이다." 사진을 위대하게 만드는 것은 제재가 아니라 순간이다. "사진에서는 가장 작은 것도 위대한 제재일 수 있다. 작은 인간의 디테일도 주도적 모티브leitmotif가 될 수 있다." 문제는 작은 것이 위대해지는 순간, 디테일이 중요해지는 순간을 포착하는 것이다.

결정적 순간은 '연출'하는 것이 아니라 '도래'하는 것이다. 기나긴 기다림 끝에 도래한 그 순간에 셔터를 누르는 것은 영화에서 해리포터가 "아레스토 모멘툼"이라 외치는 것에 비유할 수 있다. 주문은 추락하는 몸이 땅에 닿기 직전에 외쳐야 한다. 촬영의 결과도 주문의 효과와 다르지 않다. 브레송의 사진에서 고인 빗물을 살짝 뛰어넘는 사내의 신체는 허공에 떠 있다. 멈춘 것은 그의 신체만이 아니다. 카메라가 아니라면 흘러가버렸을 그의 그림자 역시 바닥에 고인 빗물 속에 얼음처럼 응고된다.

정지상태의 변증법

"무궁화 꽃이 피었습니다!" 이것이 어린 시절 우리의 '아레스토 모멘툼'이었다. 이 주문은 신기하게도 움직이는 아이들을 그 자리에 응고시킨다. 실제로 이 주문을 외치고 뒤를 돌아보면, 시시각각 접근하는 아이들의 형세가 마치 별자리처럼 일목요연하게 눈에 들어온다. 벤야민이 말한 '정지상태의 변증법'은 이 놀이를 닮은 게 아닐까? "이미지란 과거에 있었던 것이 현재와 섬광처럼 한순간에 만나 하나의 별자리를 이루는 것을 말한다. 다시 말해 이미지는 정지상태의 변증법이다."

여기서 벤야민이 말하는 '이미지'란 아마도 역사적 스냅사진, 혹은 영화의 정지장면을 가리킬 것이다. 철학에서 '변증법'이란 본래 운동과 발전의 논리를 의미한다. 하지만 벤야민의 변증법은 시간을 정지시킨 채 과거의 고립된 디테일들로 짜인 별자리 속에서 역사의 진리를 관상학적으로 해독해내려 한다. 여기에는 역사에 대한 완전히 다른 철학이 들어 있다. 즉 '정지상태의 변증법' 속에서 역사는 더 이상 선형적인 텍스트가 아니라, 비선형적으로 해독되는 이미지로 나타난다.

이게 너무 신비주의적이라면, 좀 더 세속적인 예를 들 수도 있을 것이다. 가령 범죄수사나 스포츠 중계에서는 순식간에 흘러가버린 상황을 정확히 파악하기 위해 촬영된 동영상을 한 컷, 한 컷 정지시켜 해독해나가곤 한다. 벤야민의 발상은 이 기술복제의 관행과 연관이 있을 것이다. 역사를 선형적 흐름에서 꺼내어 중단시킬 때, 과거의 사건들이 갑자기 별자리를 이루면서 마치 섬광처럼 우리에게 현재와 관련된 진리를 계시한다. '순간아, 멈추어라'는 새로운 인식의 원리가 된다. '세속적 계시'라고 할까?

차이와 반복
―반복가능성에 관하여

　고작 서너 편 보고 이런 말을 해도 될지 모르겠지만, 영화 〈북촌방향〉
은 홍상수 영화의 본질을 가장 노골적으로 보여준다. 그의 작품이 특히
프랑스에서 높은 평가를 받는 데에는 이유가 있을 게다. 사실 홍상수의
영화에서 한국적인 것은 (다분히 감독의 자전적 고백으로 보이는) 등장인물의
비루함('찌질함')뿐, 그의 영화를 이끌어가는 중요한 요소들은 1980년대
이후 세계를 풍미했던 프랑스 담론의 개념들과 관련이 있기 때문이다.
그 개념들은 대부분 여러 곳에서 소개한 바 있으니 설명을 반복할 필요
는 없겠다.

지루함

웬만한 관객들은 홍상수 영화를 '지루하다'
고 느낄 게다. 그 권태ennui는 실은 삶 자체의 지루
함에서 나오는 것이다. 어느 나치(괴벨스?)의 말이다.
"대중은 이미 비루한 일상에 충분히 지쳐 있다. 그들
에게 필요한 것은 멋진 환상이다." 나치 대중이 삶의
권태에서 벗어나기 위해 전쟁을 벌였다면, 오늘날 대중
은 환상의 세계로 도피하기 위해 영화관을 찾는다. 그러나
대중은 홍상수의 영화에서 자기들이 원하던 환상을 결코
보지 못한다. 외려 극장 밖에서 보았던 그 비루한 현실을 다
시 보게 될 뿐이다.

현실에서 지겹게 보았던 일상을 영화로 다시 보여주는 게
무슨 의미가 있을까? 브레히트라면 이런 경우에 '낯설게 하
기'를 통해 우리가 미처 의식하지 못한 일상 속 이데올로기
의 작동에 주목하게 만들 것이다. 하지만 홍상수에게 그런
인식론적 의도가 있어 보이지 않는다. 브레히트의 인식론은
거대서사, 즉 지배 이데올로기에 물든 대중의 의식을 일깨
워 혁명의 주체로 묶어세운다는 마르크스주의의 해방서사
위에 서 있다. 하지만 홍상수의 영화에 그런 서사는 존재하지
않는다.

'불의를 물리치고 정의를 세우는 것'이 영화와 정치가 공유하는 영웅의 서사다. 서사시를 믿지 않기에 홍상수의 영화에는 이렇다 할 서사가 없다. 뚜렷한 기승전결도, 위기나 반전과 같은 극적 요소도 존재하지 않는다. 현실을 '극화'하지 않기 때문이다. 그의 영화의 '리얼리즘'을 말한다면, 그것은 혁명적−비판적 인식을 촉구하는 고전적 리얼리즘이 아니라, 차라리 신즉물주의의 객관성에 가깝다. 떠들썩한 이념의 영웅시대 이후에 찾아온 포스트모던의 냉담한 세계기분을 반영한 데드팬deadpan이랄까?

우연에는 용기를

아리스토텔레스에 따르면 철학은 필연적인 것(반드시 일어날 일)을 말하고, 역사는 현실적인 것(이미 일어난 일)을 기록하고, 극시는 개연적인 것(일어날 법한 일)을 모방한다. 그의 말에 따르면, 하나의 사건에 '이어서' 다른 사건이 일어나는 것과 한 사건의 '결과로' 다른 사건이 일어나는 것은 다르다. 극시의 플롯은 물론 사건과 사건을 인과관계에 따라 연결해야 하고, 갈등의 해결을 결코 우연에 맡겨서는 안 된다. 그런 의미에서 극시의 개연성을 '극적 필연성'이라 불러도 좋을 것이다.

홍상수 영화에서 이런 의미의 '극적 필연성'을 찾아볼 수는 없다. 그는 플롯에 즐겨 우연contingency을 도입한다. 사회주의를 포함하여 근대

의 모든 거대서사들은 저마다 자신이 '역사적 필연'
이라고 주장했다. 하지만 과연 그랬던가? 플롯에 우연을
도입하여 극적 필연성을 깨뜨림으로써 홍상수가 말하려는 것은
이게 아니었을까? '우리가 필연이라 부르는 것이 실은 우연의 산물을
머릿속으로 정리하는 관습에 불과하다.' 정확한 워딩은 기억나지 않지
만, 〈북촌방향〉에서는 이 인식이 대사 속에 명시적으로 드러난다.

　홍상수에게 우연성은 플롯의 원리이자 동시에 창작 방법이기도 하
다. 그는 종종 그날 촬영할 각본을 현장에 도착해 쓴다고 들었다. 또 우
연히 들은 지인의 얘기("오는 길에 영화에 관련된 네 사람을 만났다")를 그대로 영
화에 받아들이기도 한다. 이로써 영화는 감독이 의식적으로 통제하는
'작품'이 아니라, 감독 자신도 예상하지 못하는 우연성의 '사건'이 된
다. 이는 물론 작품을 의식적으로 통제하는 '작가의 죽음'이라는 명제,
즉 '미적 주체성의 해체'라는 포스트모던의 주제와도 관련이 있다.

　플라톤이 '필연'을 위해 우연을 배제한다면 디오게네스는 '필연'을
허구로 보고 우연을 긍정한다. "우연에는 용기를!" 이른바 '극적 필연
성'이란 것도 결국 작가가 구성한 허구에 불과한 게 아닐까? 그렇다면
홍상수처럼 우연을 긍정하고 그것과 놀이를 벌이는 게 현실의 더 충실
한 반영이 될 것이다. '작가의 죽음'이 작가가 아무것도 안 하고 그저
일상을 기록하는 자동기록장치가 되는 것(가령 "일기 쓰듯이 영화를 만든다")
을 의미하는 것은 아니다. 우연과 노는 데에는 고도의 기지와, 무엇보다

용기가 필요하니까.

사건들이 인과적으로 연결되는 전통적 플롯은 기승전결의 명확한 선형성을 갖는다. 타락으로 시작된 인간사가 신의 재림으로 종말을 고하듯이, 극의 결말에서 불의는 무너지고 정의는 회복된다. 하지만 우연을 도입한 플롯에서는 사건들이 인과의 선형적 사슬에서 풀려나 거의 공간적으로 나열된다. 그 때문인지 사건이 전개되어도 갈등이나 문제가 해결된다는 느낌이 없다. 그리하여 영화가 끝나도 상황은 전혀 달라지지 않는다. 그의 영화 속 인물들은 다람쥐 쳇바퀴 돌듯이 거기서 그렇게 영원히 '찌질'댈 것이다.

시간의 비선형성은 플롯만이 아니라 영화를 만드는 메타적 수준에도 존재한다. 홍상수의 영화는 설정만 약간 다를 뿐 같은 얘기를 같은 방식으로 하고 또 한다. 한 영화에 등장했던 배우들은 다른 영화를 통해 되돌아온다. 한 배우가 한 감독의 여러 영화에 출연하는 것이야 늘 있는 일이지만, 홍상수의 경우에는 이게 그저 캐스팅의 문제가 아니다. 가령 그의 첫 영화의 주연은 그 영화의 스토리를 그대로 가지고서 다른 영화로 회귀한다. 이는 발자크 소설의 주인공이 그의 다른 소설에 주변인물로 등장하는 것과는 맥락이 또 다르다.

차이와 반복

〈북촌방향〉을 만들기 전에 홍상수는 "한 장소에 세 번 다시 가는 얘기"를 만들려 한다고 말했다. 이는 물론 반복가능성iterabilité 개념과 관련이 있다. 동일한 낱말이라도 반복될 때마다 그때그때의 맥락 속에서 조금씩 의미가 달라지기 마련. 가령 영화에서는 여성의 심리에 관한 얘기(극 중 대사인 "여자들은 자신의 성격이 대립되는 두 극단의 결합으로 이루어졌다고 믿고 싶어 한다")가 두 번 반복된다. 첫 번째 상황에서는 우스갯소리로 여겨지지만, 두 번째 상황에서는 꽤 진지한 얘기로 받아들여진다.

같은 장소에 세 번 간다고 (기승전결이라는 의미에서) 플롯의 진전을 기대할 수는 없다. 여기서 중요한 것은 뒤샹이 말한 '초박막', 즉 종이 한 장 두께의 미세한 차差이기 때문이다. 물론 그 차이는—가령 뒤샹의 변기와 그에게 선택받지 못한 다른 변기의 차이처럼—지각적으로는 구별이 불가능하나 적어도 관념적으로는 구별이 뚜렷해야 한다. 반복을 통해 유의미한 차이를 만들어내지 못할 때, '차이와 반복'의 놀이는 '동일자의 무한증식'이라는 포스트모던의 증상으로 전락할 것이다.

르네상스 시대에 모든 위대한 발명이 이루어지자, 이어지는 마니에리스모는 유의미한 창안 없는 '기교'의 과시로 흘렀다('매너리즘'). 초박막을 만들어낸다는 것은 쉬운 일이 아니다. 뒤샹에 따르면, "그 차이는 지각하기 힘들수록 효과적"이다. 하지만 지각하기 힘든 차이는 동시에 단순한 반복에 접근하기 마련. 그리하여 반복을 통해 유의미한 차이를 만들어내지 못할 경우, 곧바로 반복의 권태를 우연을 다스리는 재미로 상쇄하는 매너리즘에 빠지게 된다. 개념적으로 홍상수는 가장 위험한 지대에서 작업을 하고 있다.

39

읽지 않은 책에 대해 말하는 법

─비독서의 미덕

　가장 진지한 독서는 화장실에서 이루어진다. 그곳에선 따로 도모할
일이 없기에, 번잡한 관심에서 해방되어 완벽한 집중이 가능하기 때문
이다. 따라서 화장실에 들고 갈 책을 선정할 때에는 신중해야 한다. 서
가에서 책 고르는 시간이 길어질수록 압력도 증가하지만, 그렇게 증가
한 압력은 후에 증가된 쾌감으로 돌아오기에, 인내에 따르는 그 참기 힘
든 고통 속에서도 궁극적 해결과 더불어 도래할 지고의 열락에 대한 벅
찬 기대가 존재한다.

　책을 읽지 않는 법

　그렇게 엄선한 책이 피에르 바야르Pierre Bayard의 《읽지 않은 책에 대

해 말하는 법》이다. 변기 위에서 이 책은 육체와 정신, 이중의 해방을 의미했다. 글 써서 먹고살다 보면, 읽지 않은 책에 대해 얘기해야 할 경우가 얼마나 많은가? 하지만 쏟아질 비난에 대한 두려움에서 소심한 먹물들은, 누구도 의심하지 않을 그들의 순결함에도 불구하고, 읽지도 않았고 읽지도 않을 책의 각주를, 가능한 한 원어로 달아가며, 본의 아니게 위선자로 살아왔던 것이다.

바야르는 무질R. Musil의 소설《특성 없는 남자》를 인용한다. 350만 권의 장서를 가진 황실도서관의 사서는 "제가 어떻게 이 많은 책들을 모두 알 수 있는지 궁금하지요? (…) 그것은 바로 어떤 책도 읽지 않기 때문이랍니다." 바야르는 이렇게 코멘트한다. "그가 신중한 태도로 책 주변에만 머무는 것은 오히려 책들을―모든 책을―사랑해서요, 그 책들 중 어느 한 책에 너무 관심을 기울이면 다른 책들을 소홀히 할까 두려워서인 것이다."

"모든 책"에 대한 이 사랑, "다른 책들"을 소홀히 하는 것에 대한 이 두려움이 어디 그만의 것이겠는가? 불가피하기에 일상화된 이 비독서의 미덕을, 바야르 이전에는 그 누구도 감히 변호하지 못했다는 것은 매우 이상한 일이다. "모든 책"을 향한 아가페적 사랑에는 네 가지 경우가 있

다고 한다. '책을 전혀 읽지 않는 경우', '책을 대충 훑어본 경우', '다른 사람 얘기를 귀동냥하는 경우', 그리고 '책의 내용을 잊어버린 경우'다.

비독서의 미덕

저자로서 나 역시 비독서의 미덕을 강조하며, 늘 도서문화의 요체란 책을 '읽는' 게 아니라 책을 '사는' 데에 있다고 주장해왔다. 바야르는 비독서가 가진 정신적 미덕을 간파했지만, 아쉽게도 그 미덕의 바탕에 깔린 물질적 조건에 대한 통찰에 이르지는 못했다. 생각해보라. 비독서 가 아니라면, 즉 사람들이 꼭 읽을 책만 산다면, 도서시장의 규모는 10 분의 1 이하로 줄어들 것이다. 도서문화 전체의 붕괴로 이어지지 않겠 는가?

이 인식은 다음과 같은 독자 분류법으로 이어졌다. 우선 '영도零度의 독자', 즉 내 책을 사서 읽는 독자다. 이들은 도서문화에 나름 중요한 기 여를 한다. 이어서 '+1도의 독자', 즉 내 책을 사서 읽지 않는 독자들인 데, 나는 사사로움을 구하지 않는 이들의 고결함을 높이 평가한다. 마지 막으로 '+2도의 독자', 즉 내 책을 산 것을 잊어버리고 또 사는 이들은 "모든 새로움은 망각의 결과"라는 드높은 철학적 통찰로 인해 나의 각 별한 존경과 애정의 대상이 된다.

물론 도서문화의 진흥에 전혀 도움이 되지 않는 마이너스 등급의 독

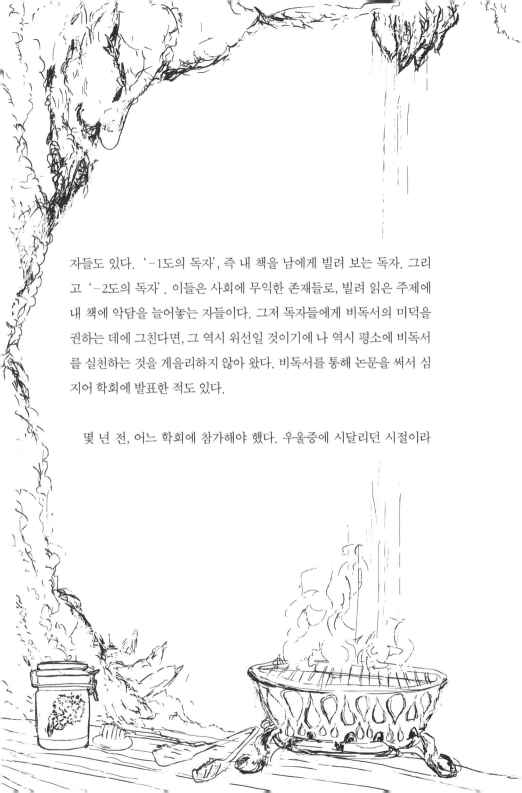

자들도 있다. '−1도의 독자', 즉 내 책을 남에게 빌려 보는 독자. 그리
고 '−2도의 독자'. 이들은 사회에 무익한 존재들로, 빌려 읽은 주제에
내 책에 악담을 늘어놓는 자들이다. 그저 독자들에게 비독서의 미덕을
권하는 데에 그친다면, 그 역시 위선일 것이기에 나 역시 평소에 비독서
를 실천하는 것을 게을리하지 않아 왔다. 비독서를 통해 논문을 써서 심
지어 학회에 발표한 적도 있다.

　　몇 년 전, 어느 학회에 참가해야 했다. 우울증에 시달리던 시절이라

책을 읽거나 글을 쓸 기분이 전혀 아니었지만, 대학 은사께서 부탁하신 일이라 거절을 할 수가 없었다. 요청받은 주제는 '근대철학에 나타난 죽음의 관념'. 근대철학으로 들어가려면, 먼저 그 배경이 된 중세를 훑어야 했다. 그 부분에 관해서는 수년 전에 책을 쓴 적이 있기에, 일단 기억을 더듬어 중세 초기의 '영육일원론'이 중세 후기의 '영육이원론'으로 변하는 과정을 스케치했다.

책 안 읽고 논문 쓰기

문제는 그다음이었다. 합리주의 철학의 '죽음의 관념'에 도달하기 위해, 일단 '데카르트-되기'를 실행하기로 했다. 《방법서설》의 저자로서 나는 그동안 정신과 육체의 이원론을 주장해왔다. 육체는 공간을 차지하는 '연장실체'이기에 무한히 쪼갤 수 있고, 따라서 가멸적이다. 반면 정신은 공간을 차지하지 않는 '사유실체'이기에 쪼갤 수 없고, 따라서 그것은 불멸할 수밖에 없다. 이런 추론하에 일단 데카르트가 영혼불멸을 주장했다고 써넣었다.

다음은 영국의 경험주의 철학. 이번에는 머릿속에 흄D. Hume의 영혼을 모셨다. 나는 모든 지식의 근원이 경험에 있다고 믿으나, 나의 죽음은 내가 경험할 수 있는 것이 아니다. 따라서 그것에 대해 지식을 갖는다는 것은 있을 수 없는 일이다. 게다가 나의 '의식'은 데카르트의 그것

과 달리 타고난 것이 아니라 외부에서 들어온 감각적 인상들의 어지러운 연합, 플럭스에 불과하다. 따라서 '영혼의 불멸'이라는 얘기는 문법적 착각에서 비롯된 헛소리일 뿐이다.

이어서 나는 칸트가 되어 데카르트와 흄의 생각을 종합해야 했다. 나는 그동안 인식이 가능한 영역과 불가능한 영역을 명확히 구별하자고 주장해왔다. 내가 보기에 '영혼'이라는 주제는 인식 가능한 대상의 영역 밖에 있다. 하지만 거기서 곧 영혼이 없다는 주장이 나오지는 않는다. '정의'가 가능하려면, 가령 생전에 호사를 누리다가 죽은 악인에게 정의가 행사되려면, 영혼은 불멸해야 한다. 즉 영혼은 '실재하는 것'이 아니라 '실재해야 하는 것'이다.

마지막으로 헤겔 귀신이 오셨다. 내가 말하는 '절대정신'이란 개개인이 가진 주관적 정신이 아니다. 절대정신의 전개 과정에서 개개인이 가진 주관정신은 법률이나 윤리와 같은 객관정신과 변증법적 종합을 이루는 가운데 '지양'되어야 한다. 영원한 것은 절대정신이지, 개개인의 정신이나 영혼이 아니다. 따라서 개개인의 죽음은 아무런 위안 없는, 내세의 기약이 없는 '단순한 죽음'일 뿐이다. 이런 것을 '연역적 글쓰기'라 불러야 할까?

인용을 위한 비독서

문제는 이를 근거 짓는 것. 물론 그것을 위해 데카르트의 논문들, 흄의 에세이들, 칸트의 3부작, 헤겔의 《정신현상학》을 다 뒤질 필요는 없다. 구석에 처박혀 있던 철학사 책을 대충 훑어가며 일단 내 추론이 맞는지 확인했다. 신을 제대로 모셨는지 대부분 내가 추측한 대로였다. 남은 것은 글을 뒷받침할 인용문을 찾는 것. 그것은 철학사 책의 각주를 추적하는 식으로 해결할 수 있었다. 대부분 재인용이지만, 각주를 붙이고 나니 제법 그럴듯했다.

제목에는 호라티우스Horatius의 유명한 시구를 사용했다. "나의 모든 것이 죽는 것은 아니다Non omnis moriar." 이 제목은 논문의 주제와 맞아떨어지는 데다가, 부가로 내가 라틴어까지 한다는 인상을 풍기는 장점이 있었다. 논문은 두 곳의 학회에서 발표됐고, 내용이 꽤 괜찮았던지 학회지 게재 요청까지 받았다. 삶의 의욕이 없던 시절이라 그 요청을 거절하고 말았는데, 매수를 늘리거나 형식을 맞춰달라는 요구보다 나를 우울하게 한 것은 원고료를 지급하지 않는 학회지의 관행이었다.

10부

디지털 테크놀로지

인류 역사에서 기술 발전은 문명 진화를 선도해왔다. 그러나 기술 발전이라는 업적 또한 인간의 힘으로 이룩한 것임에도, 기술의 힘에 외려 인간이 압도되기도 한다. 기술로 생명체도 빚어낼 수 있는 시대에 기술은 어떻게 발전하고 있고, 어디로 나아가고 있는지 생각해봐야 하는 이유다.

실물 크기의 지도

─지도와 제국주의

40

제국의 지도학은 너무 완벽해 한 지역의 지방이 도시 하나의 크기
였고, 제국의 지도는 한 지방의 크기에 달했다. 하지만 이 터무니없
는 지도에도 만족 못 한 지도 제작 길드는 정확히 제국의 크기만 한 제국
전도를 만들었는데, 그 안의 모든 세부는 현실의 지점에 대응했다.
지도학에 별 관심이 없었던 후세대는 이 방대한 지도가 쓸모없
음을 깨닫고, 불손하게 그것을 태양과 겨울의 혹독함에 내맡
겨버렸다. 서부의 사막에는 지금도 누더기가 된 그 지도가 남아
있어, 동물과 거지들이 그 안에 살고 있다. 온 나라에 지
리학 분과의 다른 유물은 남아 있지 않다.

(호르헤 루이스 보르헤스, 〈과학적 정확성에 관하여〉)

지도와 근대성

지도에 관한 가장 오래된 기억은 어린이용으로 각색된 소설에 나오는 것이다. 이야기마다 차이는 있지만, 그 지도는 종종 '양피지'라는 종이에 그려져 있었다. 그게 양가죽이라는 걸 알게 된 것은 물론 먼 훗날의 일이다. 종이 위에는 아무것도 적혀 있지 않다. 하지만 촛불에 쪼이거나 약물을 바르면 거기에 감추어진 메시지가 나타난다. 물론 '럼주'라는 술을 마시는 해적들이 약탈한 보물을 감추어놓은 장소다. 지도를 들고 그곳에 찾아가 땅을 파보면, 해적선의 선장이 묻어놓은 보물 상자가, 그것을 묻으러 왔다가 두목에게 살해당한 불쌍한 졸개들의 해골과 함께 발굴된다.

보물 지도만큼 오래된 기억은 북위 38도선이 그려진 한반도 지도. '호시탐탐' 남침 야욕에 사로잡힌 북괴를 규탄하는 뉴스릴news reel이나 반공영화 속의 이미지다. 남북 경계가 직선이라는 것은 분단이 매우 인위적으로 이루어졌음을 보여준다. 아무튼 그 지도 다음으로는 달랑 낙동강 이남만 남기고 빨간색으로 물든 지도, 국군이 북진하여 압록강까지 파란색으로 물든 지도, 그리고 휴전 후인 현재의 지도가 이어지곤 했다. 구불구불한 휴전선은 직선으로 된 38도선보다는 덜 인위적으로 보이지만, 그 자연스러움이 전쟁의 산물이라는 게 역설적으로 느껴진다.

길거리에서 보았던가? 어떤 외국인 청년이 세계 지도를 물구나무 세운 티셔츠를 입고 있었다. 청년의 국적은 분명했다. 지도를 물구나무 세우니 저 아래 변방에 있던 호주가 세계의 중심으로 나타난다. 그러고 보니, 메르카토르 도법이 결국 근대성의 시각적 반영이라는 포스트모던 지리학의 논쟁이 떠오른다. 구형球形을 원통형으로 전개하는 메르카토르 투영법이 높은 위도에 위치한 유럽을 지도상에서 실제보다 더 크게 나타나게 만듦으로써 서구중심주의 시각을 강화한다는 얘기다. 이를 수정하기 위해 각 지역을 실제 면적과 똑같이 보여주는 지도를 만든 이도 있다.

지도와 탈근대

첫 번째 기억은 '지리상의 발견' 이후 서구의 항해술을 연상시킨다. 신세계에서 오는 금과 은, 동인도에서 실은 사치품들. 그것을 실은 배를 습격하는 해적들의 활동. 주로 항해에 사용된 근대의 지도는 식민주의라는 정치적 필요의 산물이었다. 두 번째 기억은 지도와 영토의 관계를 둘러싼 논쟁으로 연결된다. '지도가 영토의 재현이 아니라, 영토가 지도의 산물'이라는 명제가 있다. 가령 중동과 아프리카 국가들의 경계가 직선으로 되어 있음을 생각해보라. 세 번째 기억은 메르카토르 도법에 내포된 근대적 표상, 즉 서구중심주의에 대한 탈근대적 시각과 관련이 있다. 이렇게 지도는 그저 기술의 산물에 그치는 게 아니라 그 안에 역사성, 정치성, 문화성을 내포한 이념적 구성물이다.

포스트모던과 관련하여 '지도학cartography'의 은유가 광범위하게 사용되는 것은 이와 관련이 있다. 인문학의 담론에서 '지도학'은 주로 기호론 관점에서 다루어졌던 것으로 기억한다. 그때는 주로 지도의 기호학적 성격(동사, 지표, 상징)이나 지도의 언어학적 특성(통사론, 의미론, 화용론)이 문제가 되었다. 포스트모던과 더불어 지도를 바라보는 시각에 변화가 일어난다. 이제 지도에 내포된 근대성을 드러내는 것이 담론의 주요한 경향이 된다.

메르카토르 도법에 서구중심주의를 구현했다는 비판은 전형적인 포스트모던의 수다로 보인다. 자신을 세계의 중심으로 본 게 어디 서구만이던가? 중국도 자신을 세상의 중심이라 여겼다. 메르카토르 도법이 널리 사용된 것은 지도 위에 출발지와 목적지를 선으로 잇고 그 선의 각도에 따라 항해하면 된다는 편의성 때문이지, 거기에 음흉한 이념적 의도가 들어 있었을 것 같지는 않다. 유럽이 상대적으로 크게 묘사된다는 것도 그저 유럽의 위도가 비교적 높다는 지리적 우연 때문일 게다. 유럽이 적도 근처에 위치했다면, 과연 유럽인들이 다른 도법을 채택했을까?

실물 크기의 지도

한 가지 기억을 추가하자. 예전에 트위터에 사진을 하나 올렸다. 몇 년 전 "교회 하다 망하면 절 하면 되고"라는 제목으로 올라온 어느 건물

사진인데, 한때 교회로 썼을 그 건물의 첨탑에는 '성불사'라 적혀 있고, 첨탑 끝에 십자가 대신 만卍자가 달려 있다. 길 가다 우연히 본 이 건물의 사진을 찍어 트위터에 올렸더니, "혹시 여긴가요?"라며 링크를 건 멘션이 올라온다. 링크를 따라가니 다음daum의 '로드뷰'로 이어진다. 거기에 들어가는 순간, 섬뜩한 느낌이 들었다. 내가 찍은 그 건물은 물론이고, 주변 광경이 360도 파노라마로 펼쳐져 있었기 때문이다.

카프카F. Kafka의 산문처럼 단 하나의 단락으로 이루어진 보르헤스J. L. Borges의 소설(?)은 '실물만 한 크기의 지도란 무의미하다'고 말한다. 제국의 지도 제작자들은 지도라는 가상을 현실과 똑같이 만들기를 원하나, 사실 지도가 지도로서 기능하려면 실물보다 모자란 부분이 있어야 한다. 지도의 효능은 실물보다 떨어지면서도 실물을 대신한다는 '경제성'에 있기 때문이다. 그런 의미에서 실물과 크기가 같은 지도란 일종의 형용모순이라 할 수 있다. 보르헤스의 우화는 아마도 근대과학의 인식론적 이상에 대한 비판, 즉 정확성과 엄밀성을 향한 근대의 강박증에 대한 풍자일 것이다.

하지만 디지털 기술은 보르헤스의 풍자를 무색하게 만들었다. 오늘날 실물 크기의 지도는 가능하다. 과거의 지도가 그것이 놓일 현실의 공간을 요구했다면, 디지털 시대의 지도는 굳이 공간을 필요로 하지 않는다. 사이버 공간 속에서 지도는 무한한 축적과 크기를 가질 수 있다. 가령 '구글 어스'와 '로드뷰'를 생각해보라. 보르헤스의 소설에서 실물 크기의

지도는 누더기가 되어 짐승과 거지들이 살 뿐이었지만, 오늘날 누더기가 된 것은 외려 현실의 공간이 아닐까? 가령 지금까지는 영화를 찍으러 로케이션 헌팅을 다녀야 했지만, 앞으로는 그럴 일이 줄어들 것이다.

반영론에서 화용론으로

그럼에도 보르헤스에게서 취할 수 있는 것은 근대의 인식론에 대한 비판이다. 근대의 인식론은 반영론, 즉 '완전한 인식에 도달하려면 세계의 완벽한 모상을 가져야 한다'는 생각이었다. 하지만 완전함의 기준이 무엇인가? 지도는 사용자가 필요한 정보만 담으면 그만이다. 그 이상의 정보는 외려 혼란을 줄 뿐이다. 현실에 비해 턱없이 모자라는 정보를 담은 약도라도, 길을 찾는 데에 성공한다면, 그 자체로 완벽한 것이다. 정확성의 기준이 있다면, 그것은 지도를 그린 실용적 목적에서 찾아야 할 게다. 여기서 '지도'란 물론 인문사회학적 담론의 은유다.

제국의 지도 제작자가 너무 많으면 지리학 자체는 사라지고 만다. 보르헤스의 우화는 이렇게 끝난다. "온 나라에 지리학 분과의 다른 유물은 남아 있지 않다."

41

디지털의 바틀비

─컴퓨터 그래픽의 정치학

'컴퓨터'는 영상매체가 되었다. 그 명칭이 시사하는 '계산'의 이미지는 오늘날 거의 보이지 않는다. 컴퓨터의 기능전환이 시작된 것은 1950년대 중반. 소수의 엔지니어들은 이미 컴퓨터를 예술적 매체로 활용할 생각을 하고 있었다. 거기서 탄생한 것이 컴퓨터 생성음악. 컴퓨터 그래픽은 그보다 늦은 1960년대 초반에 시작된다. 그래픽이 사운드보다 늦었던 것은, 데이터를 선형적으로 처리하는 컴퓨터의 속성에서 비롯된 현상이리라. 음악은 선형적이나, 그림은 동시적으로 지각된다.

예술은 정보다

최초의 컴퓨터 그래픽은 '공식적으로는' 독일에서 탄생했다. 1963년 지멘스사社의 프로그래머였던 게오르크 네스Georg Nees는 12줄의 문장으로 된 프로그램으로 이미지를 생성하는 데에 성공한다. 명령은 간단했다. '8개의 점을 무작위로 산포한 후, 그 점들을 선으로 이어 닫힌 도형이 되게 하라.' 문자와 숫자로 이루어진 이 문장을 컴퓨터는 작도기를 통해 이미지로 출력했다. 같은 시간에 슈투트가르트대학 전산센터의 조수로 일하고 있던 프리더 나케Frieder Nake 역시 비슷한 실험을 하고 있었다.

초기 컴퓨터 그래픽은 '미는 무질서 속의 질서'라는 생각에 기초하고 있었다. 가령 랜덤하게 점을 산포하라는 명령은 '무질서'를, 이리저리 선을 이으라는 명령은 '질서'를 만들어낸다. 이 질서와 무질서의 균형을 통해 화면엔 미적인 대상이 나타난다. 이처럼 무질서(엔트로피) 속에 질서(정보)를 집어넣는 방법은, 주사위의 한쪽 귀퉁이에 납 조각을 박아넣는 야바위꾼의 수법을 닮았다. 이 경우 야바위꾼은 물론 주사위 던지기에 관해 남들이 갖지 못한 '정보'를 갖게 될 것이다.

그보다 좀 늦게 일본에서는 도쿄대학에서 미학을 전공한 카와노 히로시川野洋가 인간의 그림을 시뮬레이션하는 실험을 하고 있었다. 그가 사용한 방법의 요체는, 인간의 그림을 스캔하여 확률분포를 파악한 뒤 같은 확률분포를 가진 작품을 생성해내는 데에 있었다. 이 경우 자료로 사용된 인간의 작품과 출력된 기계의 작품은 동일한 확률분포를 갖고 있기에 어느 정도 서로 유사성을 보여줄 것이다. 이 경우 메모리(마르코프 체인)를 늘릴수록 기계의 작품은 인간의 것을 더욱더 닮을 것이다.

카피라이트

증거의 부족으로 '공식적으로' 인정받지는 못하지만, 최초의 컴퓨터 그래픽은 미국에서 탄생했다고 한다. 벨 연구소의 마이클 놀Michael Noll은 1962년 프로그램 오류로 출력된 자료를 보며 동료들과 농담을 했다. "야, 이거 추상예술인데?" 농담은 프로그램 오류로 작품을 만들자는 발상으로 이어졌다. 그들의 작품이 뉴욕의 한 갤러리에 전시되었을 때, '쓸데없는 짓에 재원을 낭비한다'는 비난을 우려한 연구소 측에서는 연구원들에게 '무슨 짓을 해도 좋으나, 활동을 공개하지 말라'고 부탁한다.

실험의 확산을 막기 위해 놀은 자신이
생성해낸 작품에 '카피라이트'를 걸어놓기로 한다. 하지
만 미국의 특허청에서는 "랜덤 프로세스가 들어 있는 한 인간의 저작으
로 인정할 수 없다"며 요청을 거부한다. 다시 편지를 보내 "그 랜덤 프
로세스도 결국 내가 프로그래밍한 것"이라 주장하자, 특허청에서는 그
제야 수긍을 하며 신청을 받아들였다. 이는 놀이 생성예술을 인간의 작
품으로 여겼음을 의미한다. 놀은 생성된 작품에 자신의 사인, 아니 아예
'@' 기호를 붙여놓았다.

이는 독일과 일본의 컴퓨터 예술가들이 '예술가-컴퓨터'를 만들려
고 했던 것과 확연한 대조를 이룬다. 독일과 일본의 컴퓨터 예술이 '정
보미학'이라는 이론과 더불어 사회주의적·공리주의적 이상을 추구했
다면, 미국의 컴퓨터 예술은 '카피라이트'라는 자본주의적 권리와 더불
어 처음부터 실용적 목표를 지향했다. 놀에게 컴퓨터는 그저 인간의 창
작을 도와주는 도구일 뿐이다. 1970년대 중반 이후 컴퓨터문화는 그래
픽 하드웨어와 소프트웨어를 상품으로 팔아먹는 시장에 종속된다.

사회주의와 공리주의

자신을 "공산주의의 동조자"라 여기는 카와노 히로시는 컴퓨터문화
의 이 자본주의적 전개에 매우 회의적인 태도를 보인다. "컴퓨터 예술

은 사회주의적·공리주의적이어야 한다",
"컴퓨터 예술에서 중요한 것은 컴퓨터로 그림
한 장을 그리는 것이 아니다. 컴퓨터로 회사를 만
들고, 공원을 만들고, 나라를 만들고, 세계 전체를 만
드는 것이 바로 예술이다. 바우하우스Bauhaus가 생각한 게 바로 그게 아
닐까?" 하지만 그의 바람과는 다르게 컴퓨터문화는 완전히 자본주의적
으로 발전해버렸다.

오늘날의 컴퓨터 예술가들은 대부분 그래픽 소프트웨어를 구입하여,
프로그래밍하지 않고 오직 제품의 매뉴얼만 보고 이미지를 만들어내곤
한다. 이 역시 그의 마음에 들지 않은 모양이다. "그들은 종종 이것을
이렇게 바꾸고 싶은데, 그게 이 소프트웨어로는 불가능하다고 말한다.
그들은 자기들이 소프트웨어를 사용한다고 말하지만, 실은 소프트웨어
에게 사용당하는 셈이다." 한마디로, 오늘날엔 예술가들마저 '프로그
래밍하는 자'가 아니라 '프로그래밍당하는 자'로 전락했다는 지적이다.

그래픽 하드웨어와 소프트웨어가 없던 시절, 그는 문자숫자 코드로
프로그램을 짜고, 이를 0과 1로 펀칭하여 입력하고, 기호와 숫자로 출력
된 데이터 위에 색연필로 덧칠을 하고, 도화지 위에서 그것을 물감으로
전사해야 했다. 이때만 해도 디지털 이미지의 본질이 문자숫자 코드라
는 사실은 너무나 분명했다. 오늘날의 예술가들은 어떤가? 그래픽 하드
웨어와 소프트웨어 덕분에 그들은 거의 아날로그 방식으로 입력을 하

고 출력을 한다. 여기에는 모종의 '존재망각'이 있다.

디지털 바우하우스

카와노의 이상적 컴퓨터문화는 모든 이가 자기 자신과 생활세계를 스스로 프로그래밍하는 사회일 것이다. 하지만 미국화를 의미하는 지구화 과정에서 컴퓨터문화는 획일화, 등질화해버렸고, 그 속의 인간들은 세계의 생산자가 아니라 한갓 하드웨어와 소프트웨어의 소비자가되었다. 그들을 가리켜 '사용자user'라 일컬으나, 카와노의 말대로 그들은 어쩌면 '사용당하는 자'에 불과한지도 모른다. 오늘날 컴퓨터 이미징의 모토. "이런 이미지를 만들고 싶지? 그럼 이 제품을 사라."

그의 생각에는 초기 바우하우스의 낭만적 반자본주의가 깔려 있다. 당시의 유럽 사회는 오직 생산의 효율성만을 추구하던 끔찍한 모양의 저가품들을 대량으로 만들어냈다. 여기에 맞서 바우하우스의 장인들은 산업생산에 공예정신을 불어넣으려 했다. 바우하우스가 사회주의 교장 밑에서 상업적으로 가장 큰 성공을 거두었다는 것은 흥미로운 역설이다. 바우하우스 운동은 미국식 포디즘Fordism과 결합한 후에야 비로소 성공을 거둘 수 있었다. 물론 그 과정에서 사회주의 이상은 사라지고 '산업디자인'만 남았다.

오늘날 컴퓨터 예술과 문화에서 벌어진 일

도 이와 비슷하지 않을까? 제 손으로 펀칭을 하고, 제 손으로 데이터에 색칠을 했던 카와노는 산업생산 이전의 장인을 닮았다. 기계생산의 시대가 공예를 무의미하게 만들었듯이, 오늘날 컴퓨터문화에서 초기 컴퓨터 예술가들이 했던 것과 같은 프로그래밍은 존속하기 어려워졌다. 오늘날 하드웨어의 제작과 소프트웨어의 프로그래밍은 개인적 창작이 아니라, 대자본의 투자를 받아 집단적으로 수행하는 산업적 활동이 되어버렸기 때문이다.

시장에 종속된 컴퓨터문화에 대한 카와노의 반감은 그로 하여금 PC를 포함하여 일체의 디지털 기기를 거부하게 만들었다. 디지털 시대에 이메일 계정마저 없는 노인의 급진적 거절은 잘못 발전된 컴퓨터문화에 대항하여 그가 보이는 바틀비의 제스처일 것이다.

*42

기술적 영상
─문자와 숫자로 그린 그림들

　　'엔데버호'가 퇴역함으로써 우주왕복선 시대가 막을 내리는 모양이다. 그동안 미항공우주국NASA에서는 스페이스 셔틀의 사고 확률이 몇백만 분의 1이라고 주장해왔으나, 그것은 예산을 따내기 위한 거짓말이었을 뿐, 실제로 사고 확률은 몇 백 분의 1이었다고 한다. 이제까지 모두 여섯 대의 우주왕복선(엔터프라이즈, 콜롬비아, 챌린저, 디스커버리, 아틀란티스, 엔데버)을 건조했는데, 두 대가 공중에서 폭발한 것은 그와 관련이 있을 것이다. 아무튼 이들 우주왕복선이 수행한 미션 중에서 가장 인상적인 것은 역시 허블망원경의 설치와 보수일 것이다.

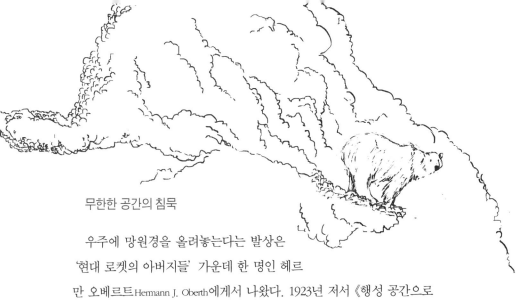

무한한 공간의 침묵

우주에 망원경을 올려놓는다는 발상은
'현대 로켓의 아버지들' 가운데 한 명인 헤르
만 오베르트Hermann J. Oberth에게서 나왔다. 1923년 저서 《행성 공간으로
보내는 로켓》에서 그는 처음으로 로켓의 추진력을 이용해 우주망원경을
지구의 궤도 위에 올려놓을 가능성을 제시했다. 천문학에서 우주망원경
의 역사는 1946년으로 거슬러 올라간다. 천문학자 라이먼 스피처Lyman
Spizer는 우주망원경의 이점을 크게 두 가지로 정리했다. 하나는 그곳에는
공기의 산란이 없다는 점이고, 다른 하나는 적외선과 자외선이 대기에
흡수되지 않은 채 그대로 관측될 수 있다는 것이다.

대기권 밖에서 본 우주의 모습은 어떨까? 아폴로 프로젝트로 달에 갔
다 온 몇몇 우주비행사가 후에 기독교 선교사가 됐다는 얘기를 들은 적
이 있다. 무한한 공간 속에서 외로이 그 거대한 우주를 혼자 상대하는
기분이란, 아마도 지상에서 할 수 있는 그 어떤 체험으로도 설명할 수
없을 것이다. '지구를 중심으로 한 유한한 세계'라는 중세적 믿음이 무
너졌을 때, '우주'라는 이름의 무정한 공간 앞에 홀로 선 인간의 체험을
파스칼은 이렇게 묘사했다. "저 무한한 공간의 침묵이 나를 두렵게 한
다." 미학에서는 이를 '숭고'의 체험이라 부른다.

NASA는 일반인들을 위해 허블사이트(http://hubblesite.org)를 운영하고 있다. 거기에 가면 대기권 밖에서 본 우주의 모습을 볼 수가 있다. 허블망원경으로 찍은 행성, 성운, 은하들은 숨 막힐 정도로 아름답다. 그것들은 지구 위에서 보는 그 어떤 대상의 아름다움도 넘어선다. 하지만 아름다움은 '숭고'와는 다른 것이다. '숭고'는 무한함에 속하나, '미'는 어디까지나 유한함에 속하기 때문이다. 사진이라는 사각의 프레임에 들어오는 순간, 우주의 무한함은 유한성 속에 갇히고 만다. 그때 숭고함은 사라지고 그저 아름다움만이 남게 된다.

직경 2미터의 안구

사석에서 우연히 천문학과 교수를 만나 이런저런 얘기를 나누다가 별생각 없이 이런 얘기를 했다. "우주로 나가서 허블망원경에 찍힌 우주의 모습을, 사진이 아니라 육안으로 보고 싶어요." 그분 왈, 우주에 나간다고 해서 육안으로 허블망원경에 찍힌 그런 이미지를 볼 수는 없단다. "그건, 우리가 직경 2미터짜리 안구를 가졌다고 가정할 때, 그때 우리 눈에 비친 우주의 모습이라고 할 수 있죠." 그러니까 우리 안구가 직경 5센티미터가 넘지 않는 한, 그 눈을 달고 우주로 나가봤자 지상에서 보던 것과 그다지 다르지는 않을 거란 얘기다.

사진의 아름다움에 취해 내가 깜빡 잊고 있었던 것은, 허블망원경 사진이 실은 '기술적 영상techno-bild'이라는 사실이다. 내친 김에 말하자면, 설사 우리가 직경 2미터의 안구를 갖고 있다 하더라도, 그 눈에 비친 영상이 허블망원경으로 찍은 사진과 똑같지는 않을 것이다. 왜냐하면 다양한 기술적 관측을 통해 얻어낸 데이터들, 그 자체로는 눈에 보이지 않는 이 관측 자료들을, 인간의 눈에 보이는 이미지로 전환할 때에는 어쩔 수 없이 해석이 개입되기 때문이다. 한마디로 그것은 관측된 영상이라기보다는 해석된 영상에 가깝다.

예를 들어, 러시아의 우주정거장에서 찍은 지구의 사진이 인터넷을 시끄럽게 한 적이 있다. 그 영상이 이제까지 우리가 늘 보아왔던 NASA의 사진과 전혀 달랐기 때문이다. NASA의 사진 속에서 지구는 파란 바다와 푸른 대지 위에 하얀 띠구름을 두른 영롱한 초록별이지만, 러시아 사진 속의 지구는 불그스름한 색채를 띤 것이 거의 화성처럼 황량하게 보인다. 같은 고도에서 같은 기술로 찍은 사진인데 왜 이렇게 차이가 나는 것일까? 그것은 데이터를 영상으로 전환할 때 양국 과학자들이 각기 다른 미적 해석을 적용했기 때문이다.

기계의 눈

둘 중에서 어느 것이 실제로 눈에 보이는 지구의 모습에 가까울까? 이는 유인우주선을 타고 밖으로 나가서 확인하면 될 일이다. 하지만 대부분의 기술적 영상은 그런 확인이 불가능하다. 기계의 시각이 도입되는 것은 결국 육안의 한계 밖의 대상을 찍어야 할 경우이기 때문이다. 여기에는 원본과 사본의 일치를 확인할 객관적 절차가 존재하지 않는다. 왜냐하면 그 대상들은 육안으로 볼 수가 없기 때문이다. 예를 들어 전자현미경을 생각해보라. 그것으로 찍은 사진이 과연 어디까지 사실이고, 어디까지 해석인지 아무도 말할 수 없다.

　결국 기술적 영상이 제공하는 것은 사실이 아니라 해석, 말하자면 기술-미학적으로 해석된 영상들뿐이다. 흔히 우리는 과학이 제공하는 세계의 상이 자연의 '모상'이라 믿으나, 그것들은 그저 '모형'일 뿐이다. 모형의 적합함을 판단하는 기준은 '실용성'이다. 그 모형이 자연을 얼마나 닮았는지 모르겠지만, 그것으로 자연의 현상을 효과적으로 설명해낼 수 있다면, 일단 적합한 모형으로 간주한다. 하지만 일반 대중에게 제공되는 기술적 영상들에는 그런 기준조차 필요 없다. 여기서 중요한 것은 시각적 적절성, 즉 미학적 아름다움이다.

　과학을 미학화하는 경향은 실은 역사가 꽤 오래됐다. "개체발생은 계통발생을 반복한다"는 명제로 유명한 독일 생물학자 헤켈E. H. Haeckel은 현미경으로 관찰한 미생물의 모습에 매료되어, 그것들을 종이 위에 스케치하곤 했다. 하지만 그가 종이 위에 그린 그림이 현미경을 통해 본 미생물의 모습을 있는 그대로 재현했다고 믿는 사람은 없을 것이다. 그림 속 미생물들은 미학적 해석을 통해 철저히 유미화되어 있다. 그 덕분

에 그가 그린 미생물의 아름다움은 후에 '아르누보Art Nouveau'라는 유기
적 양식이 탄생하는 데에 결정적 영향을 끼치기도 했다.

미적 해석으로서 자연

헤켈의 경우, '현미경 속의 영상'과 '종이 위의 영상' 사이에 그의 손
이 개입되어 있다. 이는 그가 그린 《자연의 형태들》이 실은 그의 주관적
해석을 거쳤음을 강력히 시사한다. 하지만 헤켈의 현미경 그림은 현대
의 기술적 영상의 원형이라 할 수 있다. 왜냐하면 기술적 영상들 역시
어떤 식으로든 해석을 거치기 때문이다. 가령 전자현미경 사진은 렌즈
를 이용해 영상을 '확대'한 영상이 아니라, 분석과 종합을 거쳐 '제
작'한 영상이다. 그 분석과 종합의 기술적 메커니즘 안에는 이미 특
정한 해석이 프로그래밍되어 들어가 있다.

허블망원경 영상은 카메라로 찍은 영상이라기보다는 차라리 텍스트의 영상화, 즉 '정보시각화data visualization'에 가깝다. 어차피 과학은 이미 오래전부터 감각으로는 확인할 수 없는 비非직관적 영역으로 옮겨갔다. (가령 머릿속으로 휘어진 공간을 표상할 수 없잖은가.) 그런 비직관의 영역에 직관적 형식을 부여하는 것이 기술적 영상의 역할이라 할 수 있다. 과학이 제공해주는 이미지는 세계의 그림이 아니라, 차라리 과학자들의 상상의 그림이라 해야 할 것이다.

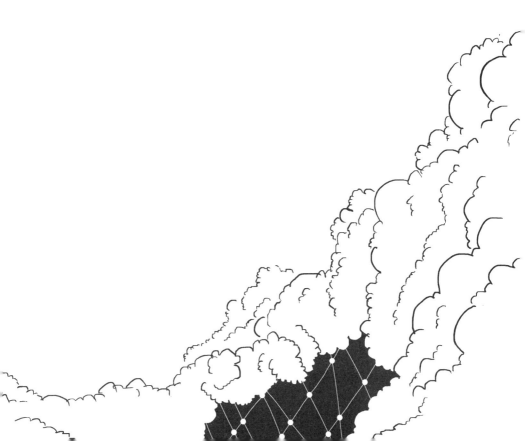

기계와 생명
─칸딘스키와 유사생명

바우하우스가 없었다면, 책상, 의자, 전등, 가구 등은 지금과 상당히 다른 모습을 하고 있었을 것이다. 한마디로 바우하우스는 현대 산업디자인의 산실이었다. 하지만 초기에 그것은 산업디자인보다는 전통적 공예 운동에 가까웠다. 산업혁명 이후 기계로 생산된 공산품들의 조악한 외관을 시각공해로 여겼던 윌리엄 모리스William Morris는 추악한 기계생산에 새로운 공예의 정신으로 맞서려 했다. 바우하우스 역시 초기에는 윌리엄 모리스의 것처럼 다분히 낭만적 반자본주의 정서를 갖고 있었다.

표현주의에서 구축주의로

1917년에 시작된 바우하우스 운동의 초기는 표현주의적 시기였다.

자연에서 벗어나 추상으로 나아간다는 점에서는 모더니즘이었지만, 그 추상적 형태와 색채를 통해 영혼을 표현한다는 정신주의적 경향을 갖고 있었다. 작업의 방식도 장인이 공방에서 손으로 직접 제품을 만드는 공예에 가까웠다. 1921년 두스뷔르흐T. van Doesburg는 자신이 창시한 '데 스테일De Stijl' 운동을 선전하기 위해 바이마르를 방문하여, 밤마다 요란한 퍼포먼스를 벌여 바우하우스를 신랄하게 비난했다고 한다. "너희는 모두 낭만주의자야."

1923년 헝가리의 디자이너 모호이-나지L. Moholy-Nagy가 합류하면서 바우하우스의 방향은 급격히 바뀐다. 초기 바우하우스의 모습을 결정했던 마이스터 이텐J. Itten은 동방의 사상을 신봉하며 세계에 대한 유물론적 해석에 반대하는 신비주의자였다. 반면 그의 뒤를 이은 모호이-나지는 유물론적 미학을 신봉하는 구축주의자였다. 두 사람의 기질 차이는 그들이 입고 다니던 복장에서부터 드러났다. 이텐이 마치 라즈니쉬O. Rajneesh처럼 수도복을 입고 다녔다면, 모호이-나지는 말끔한 엔지니어 작업복 차림으로 학교에 나타났다.

모호이-나지는 기계를 거부하는 낭만적 반자본주의와는 거리가 멀었다. 러시아 구축주의의 유물론적 미학에 깊이 공감했던 그는 외려 기계야말로 미래 예술의 영감의 원천이라고 믿었다. "20세기의 현실은 기술, 즉 기계의 발명과 구성, 그리고 그것에 대한 지지이다. 기계 사용자가 된다는 것은 20세기 사람이 된다는 것이다. 기계는 구시대의 초월적 정신주의를 대체한다." 모호이-나지에 따르면, 인간이 기계의 노예가 되지 않으려면 기계를 거부할 게 아니라 기계의 주인이 되어야 한다.

클레와 칸딘스키

이텐이 떠난 후에도 바우하우스에는 여전히 두 개의 흐름이 공존했다. 하나는 모호이-나지가 주도하는 구축주의적 기계미학이었고, 다른 하나는 클레와 칸딘스키가 주도하는 표현주의적 생명미학이었다. 두 흐름의 대립은 그렇게 극적이지 않았다. 클레와 칸딘스키도 이 시기에는 합리적 태도를 견지하며 자신들의 주관적 미감을 과학적으로 객관화하려 했기 때문이다. 이 시절 클레의 화면은 자연적 모티브가 거의 사라져 순수추상에 가까워지고, 칸딘스키의 화면은 과거의 표현적 추상에서 차가운 기하학적 추상으로 변한다.

학교장인 그로피우스W. Gropius는 순수예술과 실용예술, 예술가와 기술자의 통합을 원했다. 하지만 공예와 예술의 통합이 말처럼 쉬운 것은 아니어서, 학교 내에서 순수예술이냐 응용예술이냐를 놓고 늘

갈등이 벌어지곤 했다. 이텐이 결국 학교를 떠난 이유도 결국 이것과 관련이 있었다. 이 문제에서 구축주의자들은 예술은 실용적 대상이 되어 대중의 행복에 기여해야 한다고 믿었다. 반면 표현주의자들은 예술은 인간의 물질적 욕구가 아니라 정신적 욕구를 충족시키는 활동이라 이해했다.

두 흐름은 비교적 사이좋게 공존했지만, 때로는 둘 사이에 가벼운 신경전이 벌어지기도 했던 모양이다. 모호이-나지는 늘 예술을 정신이나 영혼의 표현으로 보는 것은 미신에 불과하다고 강조하고 다녔다. "설마 아직도 '영혼'이라는, 아이들의 동화 같은 얘기를 믿는 것은 아니겠지요? 정신이란 육체의 기능에 불과해요." 이 노골적인 기계미학이 클레를 자극했던 모양이다. 클레는 예술이 자연물에 대한 관찰에서 나온다고 강조하며 종종 기계의 한계를 강조하곤 했다. "기계는 새끼를 낳지 못한다."

유사생명적 형상

디자인이 생명을 원형으로 삼을 경우 유기적 양식이 얻어진다. 반면 디자인이 기계를 원형으로 삼을 경우 무기적 양식이 탄생할 것이다. 전자는 따뜻한 느낌을 주나 어딘지 시대착오적이고, 후자는 현대적이나 차갑고 무정한 느낌을 준

다. 양자를 적당히 절충한 것이 바로 파리 지하철 입구의 디자인에서 볼 수 있는 것 같은 '아르누보' 양식이다. 물론 클레나 칸딘스키의 이미지는 아르누보가 아니라 현대적 추상에 속한다. 그럼에도 둘의 이미지에는 아직 자연과 인간, 혹은 생명의 온기가 남아 있다.

클레에 따르면 현대회화의 임무는 "가시적인 것의 재현이 아니라 비가시적인 것의 가시화"에 있다. 클레에게 가시화해야 할 그 "비가시적인 것"이란 바로 잠재성의 세계다. 가령 주사위를 던지면 실현되는 것은 하나의 눈이지만, 거기에는 아직 실현되지 않은 다섯 개의 가능성이 있다. 그처럼 우리가 눈으로 보는 세계는 그저 하나의 가능세계일 뿐, 다른 수많은 가능세계가 존재한다. 그의 회화에 등장하는 이미지들은 바로 그 가능세계에서 나온 것이라 할 수 있다. 한마디로 클레에게 창작은 일종의 '창세기'였다.

바우하우스에서 칸딘스키는 주로 기하학적 추상을 그렸다. 그 차가움 속에서도 그의 추상에 생기가 느껴지는 것은, 거기에 아직 인간성이 깃들어 있기 때문이다. 즉 칸딘스키에게 추상은 여전히 "정신적인 것"의 표현이었다. 흥미로운 것은 칸딘스키가 말년에 그렸던 작품들이다. 거기에는 바닷속을 부유하는 해양생물, 혹은 양수 속을 떠다니는 태아

를 연상시키는 유사생명적bio-morphic 형상들이 나타난다. 형태와 색채
는 여전히 추상적이나, 유연한 곡선이 만들어내는 뚜렷한 윤곽은 분명
히 생명체를 연상시킨다.

기계로서 생명

모호이-나지는 구축주의의 신념에 따라 형태는 자연(생명)이 아니라
물질(재료)에서 나온다고 믿었다. 강철과 유리와 같은 현대의 재료들은
당연히 무기적 형태를 낳을 수밖에 없다. 이것은 '죽음'의 형식이다. 반
면 클레와 칸딘스키에게는 추상적이고 무기적인 형태마저도 여전히 인
간과 자연의 자취를 간직하고 있어야 한다. 이것은 '생명'의 형식이다.
모호이-나지의 '과학'과 클레·칸딘스키의 '예술' 사이에는 거대한 간
극이 존재한다. 당시에 기계는 기술에 속하는 반면, 생명은 아직 기술에
속할 수 없었다.

두 흐름의 통합은 오늘날에야 비로소 가능해졌다. 얼마 전부터 과학
을 주도하는 패러다임은 물리학에서 생물학으로 바뀌었다. 그것은 오
늘날의 생물학이 과거와는 완전히 다른 차원으로 발전했기 때문이다.
유전자공학과 분자생물학은 현대를 이른바 후기-생물학적 상황으로
만들었다. 오늘날 생명은 엔지니어링의 대상이 됐다. 가령 인공생명 연
구와 인공생명 예술은 철저한 합리주의에 따라 생명의 현상과 진화의
과정을 시뮬레이션하며, 아직 지구 위에 실현되지 않은 잠재적 생명을

발생시키기도 한다.

　유전자를 조작해서 키메라를 만드는 것도 어느새 과거의 일이 됐다. 생물학도 이미 존재하는 유전자를 변형시키는 분석적 단계를 넘어, 아예 존재하지 않는 새로운 유전자를 창조하는 합성생물학synthetic biology의 단계로 넘어가고 있다. 마치 부품을 조립하여 기계를 만들듯이, 분자를 조립하여 새로운 유전자를 만들어낸다. 한마디로 기계적 조립을 통해 생명을 만들어내는 것이다. 이로써 모호이-나지와 클레·칸딘스키 사이의 대립은 해소된다. 칸딘스키가 말년에 남긴 유사생명적 형상은 이 새로운 시대의 시각적 상징이 될 것이다.

진중권의 생각의 지도

지은이　　　진중권

■

2012년 9월 10일 초판 1쇄 발행
2015년 9월 14일 개정판 1쇄 발행

■

초판 책임편집　　박정선
개정판 책임편집　　홍보람
기획·편집　　선완규·안혜련·홍보람·秀
기획·디자인 아틀리에

■

펴낸이　　　선완규
펴낸곳　　　천년의상상
등록　　　　2012년 2월 14일 제300-2012-27호
주소　　　　(03983) 서울시 마포구 동교로 45길 26 101호
전화　　　　(02) 739-9377
팩스　　　　(02) 739-9379
이메일　　　imagine1000@naver.com
블로그　　　blog.naver.com/imagine1000

■

ⓒ 진중권, 2012, 2015
본문 일러스트 ⓒ Simon B. Kim

■

ISBN　　　979-11-85811-10-9 03100

이 도서의 국립중앙도서관 출판예정도서목록(CIP)은 서지정보유통지원시스템 홈페이지(http://seoji.nl.go.kr)와
국가자료공동목록시스템(http://www.nl.go.kr/kolisnet)에서 이용하실 수 있습니다.
(CIP제어번호: CIP2015024025)

■